# 情达而理至

## 商务沟通技巧

张冠凤 著

中国书籍出版社
China Book Press

图书在版编目(CIP)数据

情达而理至：商务沟通技巧 / 张冠凤著 . -- 北京：中国书籍出版社, 2022.6
 ISBN 978-7-5068-9048-9

Ⅰ.①情… Ⅱ.①张… Ⅲ.①商业管理 - 人际关系学 Ⅳ.① F715

中国版本图书馆 CIP 数据核字（2022）第 101899 号

## 情达而理至：商务沟通技巧

张冠凤　著

| 责任编辑 | 尹　浩 |
| --- | --- |
| 责任印制 | 孙马飞　马　芝 |
| 封面设计 | 仙　境 |
| 出版发行 | 中国书籍出版社 |
| 地　　址 | 北京市丰台区三路居路 97 号（邮编：100073） |
| 电　　话 | （010）52257143（总编室）　（010）52257140（发行部） |
| 电子邮箱 | eo@chinabp.com.cn |
| 经　　销 | 全国新华书店 |
| 印　　厂 | 三河市德贤弘印务有限公司 |
| 开　　本 | 710 毫米 ×1000 毫米　1/16 |
| 字　　数 | 182 千字 |
| 印　　张 | 14 |
| 版　　次 | 2023 年 3 月第 1 版 |
| 印　　次 | 2023 年 3 月第 1 次印刷 |
| 书　　号 | ISBN 978-7-5068-9048-9 |
| 定　　价 | 56.00 元 |

版权所有　翻印必究

# 前言 PREFACE

在如今竞争激烈、瞬息万变的商务经济环境下，高效沟通成为商务人士顺利开展商务活动、扩展交际圈的必备技能。

沟通是一门高深的学问，有效的沟通能让人如沐春风，更容易打动人心，并达到沟通的目的。但要做到有效沟通，就要全面掌握沟通技巧。

本书将为你重现经典的商务沟通情景，深入剖析各种沟通技巧与策略。

跟随本书，首先可以了解商务沟通的本质，对商务沟通有一个全新的认识；可以掌握商务沟通礼仪规范，塑造个人和企业的良好形象，掌握高深的交往艺术。接下来，可以学习在不同商务沟通场景中游刃有余地处理各种沟通难题的方法和技巧；掌握求职沟通、商务演讲、会议沟通的相关要点；了解商务邀约、拜访与接待的注意事项，掌握销售沟通、庆典发言的技巧；明确商务谈判的特征，掌握高效谈判策略。最后，可以了解多元化的商务沟通实用法则，及时规避商务沟通禁忌。

　　本书以全新的视角重新解读商务沟通，语言通俗易懂，内容丰富翔实。本书还特别设置了"情真理切""小试牛刀""沟通锦囊"三个版块，通过案例解析、实操练习的方式指导你更好地学习和掌握商务沟通技巧。

　　阅读本书，你将在掌握高效商务沟通策略的同时，准确地把握商机，奔赴属于你的美好未来。

作者

2022 年 6 月

# 目录 CONTENTS

前言

## 第 1 章 你真的了解商务沟通吗 / 001

1.1 沟通的目的 / 003

1.2 高情商，沟通更有效 / 005

1.3 丰富多彩的商务沟通类型 / 011

1.4 了解对方的需求 / 017

1.5 管理情绪，别让情绪成为沟通的拦路虎 / 021

1.6 独自为战，还是依靠团队 / 025

1.7 关注商务沟通环境，营造沟通氛围感 / 027

## 第 2 章

### 事无礼，则不成——商务沟通礼仪 / 029

2.1 商务着装，塑造良好形象 / 031
2.2 仪容、仪表、仪态 / 037
2.3 问候与握手 / 041
2.4 引导与介绍 / 045
2.5 名片礼仪 / 049
2.6 会议组织与参会礼仪 / 053
2.7 宴请礼仪 / 057
2.8 谈吐得体，抓住商机 / 059

## 第 3 章

### 合情合理，应对自如——日常商务沟通 / 063

3.1 求职与招聘 / 065
3.2 述职报告 / 073
3.3 商务演讲 / 077
3.4 会议沟通 / 081
3.5 企业内部文书发布 / 087

## 第 4 章

### 入情入理，水到渠成——高效商务洽谈 / 093

4.1　商务邀约、拜访与接待 / 095

4.2　销售沟通，了解语言的引导力 / 101

4.3　客户跟进，说客户所想 / 107

4.4　招商会与展会口头表达 / 113

4.5　庆典发言，会说话才能赢得满堂彩 / 117

4.6　倾听，无声胜有声 / 123

## 第 5 章

### 商务沟通的精妙对决——谈判 / 129

5.1　知己知彼，有备无患 / 131

5.2　欲得之，必先予之 / 135

5.3　看不见的心理博弈 / 139

5.4　张弛有度，有理有节 / 143

5.5　求同存异，尊重对方 / 147

5.6　合同的签订与履行 / 149

## 第 6 章

**更多元化的商务沟通** / 153

6.1　言谈举止，皆是沟通 / 155
6.2　网络沟通实用法则 / 161
6.3　电话沟通，"以声传情" / 165
6.4　商务信函沟通，文字沟通的力量 / 171
6.5　跨文化涉外商务沟通 / 177
6.6　媒体公关沟通，做舆情的掌控者 / 179

## 第 7 章

**不得不知的商务沟通禁忌** / 183

7.1　不要"经常性 EMO" / 185
7.2　不要忽视你的态度 / 189
7.3　不要试探对方的"雷区" / 193
7.4　不要做浮夸、卖弄的"小丑" / 197
7.5　不要道听途说，恶意揣测 / 201
7.6　不失信，诚信沟通 / 203
7.7　亡羊补牢，及时补救 / 207

**参考文献** / 211

# 第1章

# 你真的了解商务沟通吗

商务活动的开展离不开人与人之间的沟通。在商务活动中，和谁沟通、如何沟通、沟通效果好不好，对进一步的商务合作有重要影响。

恰当的沟通能促进商务活动的顺利开展，能进一步加深合作双方之间的商务关系。作为商务人士，掌握必要的商务沟通技巧，提高商务沟通能力，是非常重要和必要的。

## 1.1 沟通的目的

在社会分工日益精细化的现代社会，沟通无处不在。通过沟通，可以实现沟通主客体之间的信息、情感、思想的传递与交流。

### 1.1.1 搭建桥梁，加深关系

所谓沟通，就是人与人、人与群体，甚至群体之间交流与反馈的过程。这一过程看似简单，实则蕴含着丰富且多元的内容。具体来说，交流的内容既包括口头信息，也包括书面信息，还包括形体信息，甚至包括为人处世的方式等。

多元信息的交流能让沟通的主客体更了解彼此，因此，沟通能搭建信息流通的桥梁，能增进人与人之间的关系。

## 1.1.2　实现双向交流与互动

人与人（人与群体）沟通的过程中，伴随着语言、情绪、情感等多种互动，这些互动是双向理解与反馈，而非单向传递与传达。

通过沟通，能实现人与人（人与群体）双向，甚至多向的交流与互动，进而达成参与沟通者的不同目的。

说明事物，共享信息

展示自我，发现他人需求

感情互动，引起共鸣

建立、改善、维系关系

创建或维护文化

沟通的目的

## 1.2 高情商，沟通更有效

各行各业的商务精英们总能在竞争激烈的市场中拼下傲人的业绩，干出一番事业，这离不开他们出众的专业能力，也离不开高情商的沟通。

高情商的沟通能使沟通氛围更和谐，使沟通效果更好，而宝贵的商机也往往随着高情商的沟通而出现。如果你想成为一位高情商的商务沟通者，不妨重点关注以下几方面的内容。

### 1.2.1 适时赞美

没有人不喜欢被赞美。适时赞美能有效缓解比较严肃的商务沟通氛围，让商务沟通更顺畅。

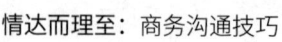

◎ 赞美要真诚

商务沟通与合作，以诚信为先，真诚是商务沟通与合作的重要前提。在商务沟通的过程中，要"哄得对方开心"以促进商务合作，应真诚相对，要真诚地赞美对方的优点，不要溜须拍马，否则只会让对方轻视，会让对方以为接下来的商务沟通也可能存在很多不真诚的成分，会给商务沟通增加无形的沟通障碍。

◎ 赞美要及时

及时的赞美对商务沟通能起到有力的推动作用，很多成功的商务人士深谙其道。

与初入职场的职场新人进行商谈，在沟通过程中对方难免会有怯场、不自信、紧张等表现，及时的赞美能让对方缓解不安情绪，进而更清晰、准确地表达观点，有助于节省沟通时间、明确沟通主旨，推动商务沟通进程。

与商场上身经百战的职场前辈进行沟通，大可不必陷入"卑躬屈膝""阿谀奉承"的沟通误区，真诚而及时的赞美会让对方欣然接受，能有效拉近彼此之间的距离感，这对接下来的商务沟通是很有利的。例如，在与合作方的知名设计师初次见面时，称赞对方的服饰搭配优雅大方，对其作品表示赞美，即便对方只是浅浅微笑，也定能对你产生不错的印象。

## 1.2.2 照顾到每一个人

商务沟通有时并不是一对一进行的,如商务会议、商务谈判、商务演讲等,当事人需要面对多人进行表达、陈述、展示,在这种商务沟通环境下,当事人要注意不要只盯着自己的稿件念稿,也不要只盯着自己熟悉的某一个同事或上司讲话,要学会用眼神或肢体语言与在场的每一个人沟通、交流。如用目光环视众人、对同伴微笑等,尽量照顾到参与沟通的每一个人或者重要与会人员。

高情商沟通能促进团队协作

### 1.2.3　善于倾听

高效的商务沟通离不开倾听,在商务沟通中,倾听就像一个信号塔,有助于沟通主体在商务沟通过程中"接收"沟通对象给出的"信号",让沟通顺利进行。

在商务沟通中不仅要做到适时赞美、兼顾众人,还要重视倾听,并认真倾听,做一个善于倾听的高情商商务人士。

关于如何倾听,本书第4章中会做详细阐述,这里不再具体说明。

---

**情真理切**

W先生最近在为公司的新产品寻找合作商家,在线下多个大卖场碰壁后,决定寻找主播带货。W先生在做了详细的市场调研后,找到一位适合的主播Z女士,几经周折终于与Z女士取得联系,并成功邀约对方会谈。

在有限的10分钟会谈中,W先生首先向Z女士的应约表示了感谢,然后开门见山地说明了来意,随后用平板电脑播放了精心剪辑的简化版产品视频,仅用2分钟就完成了产品介绍。

接下来,W先生根据提前探知的Z女士的选品流程,拿出提前准备好的几个拆掉包装的同类产品让Z女士盲选、试用,如此"沉浸式"产品介绍让Z女士很感兴趣。选品之后,W先生公司的新产品脱颖而出。W先生称赞了Z女士选品的专业性,并展示了产品包装，介绍了产品生产初衷与包装设计理念，最后再次感谢了Z女士的选品配合与耐心倾听。

10分钟的沟通结束后，W先生和Z女士愉快地达成了合作共识。两天后的直播中，W先生公司的产品成为直播间的爆款产品，成功打开了市场。

新产品的成功"出圈"离不开其本身的优质，更离不开W先生堪称完美的沟通。在与Z女士的沟通中，W先生所表现出的有备而来、适时赞美、由衷感谢、尊重对方等沟通技巧，都值得学习。

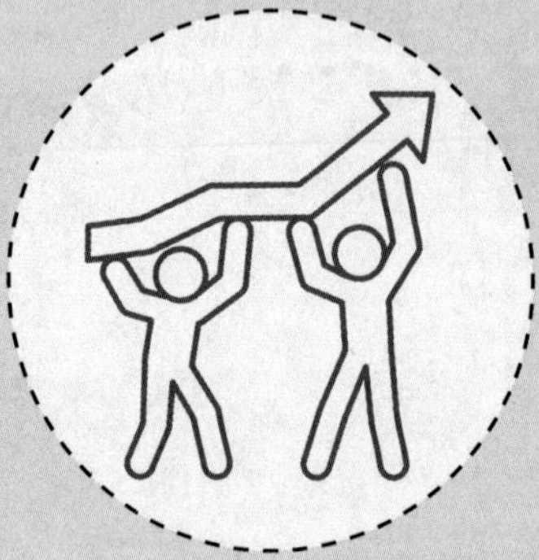

## 1.3　丰富多彩的商务沟通类型

商务沟通的类型丰富多彩，根据不同的分类标准可以将商务沟通分为不同的类型。

众所周知的商务沟通类型主要包括：语言沟通、非语言沟通；下行沟通、上行沟通、平行沟通；单向沟通、双向沟通、多向沟通，等等。这里简要分析不同商务沟通类型及其特点，更多元化的商务沟通将在本书第6章详细解析。

作为商务人士，了解了不同的商务沟通类型及其特点后，能够更有针对性地选择沟通类型，提高沟通效率。

### 1.3.1 不同沟通表达方式，各有所长

沟通方式多种多样，依据不同，分类也有所不同。根据沟通方式的不同，商务沟通有语言沟通和非语言沟通之分。其中，语言沟通又包括口头语言沟通、书面语言沟通；非语言沟通包括表情沟通、肢体沟通，以及沟通时间、沟通环境等。

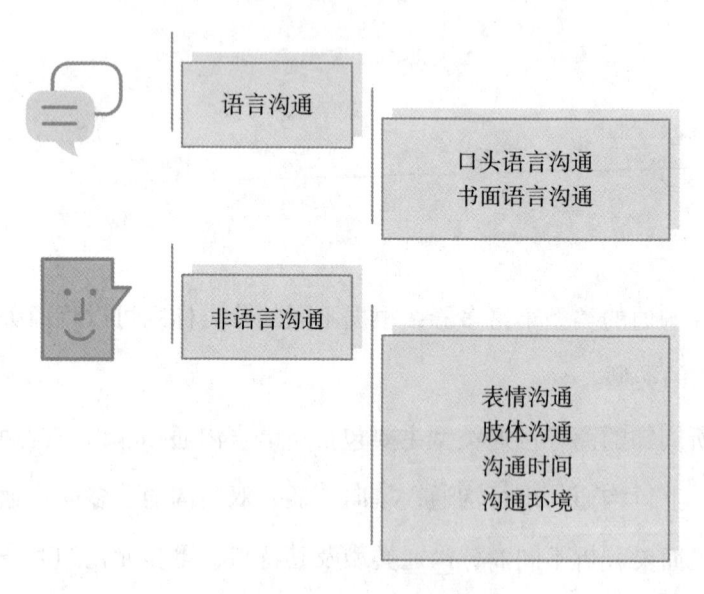

语言沟通
- 口头语言沟通
- 书面语言沟通

非语言沟通
- 表情沟通
- 肢体沟通
- 沟通时间
- 沟通环境

不同表达方式的商务沟通

### 1.3.2 巧用商务沟通工具，方便快捷

根据沟通工具的不同，商务沟通分为信件沟通、电话沟通、传真沟通、手机沟通、网络沟通等多种类型。不同类型的商务沟通工具为

商务人士提供了多种选择。

随着现代社会的发展，除了传统的商务沟通工具，越来越多新颖的商务沟通工具出现并受到了职场人士的欢迎和认可，使商务沟通更加便捷。

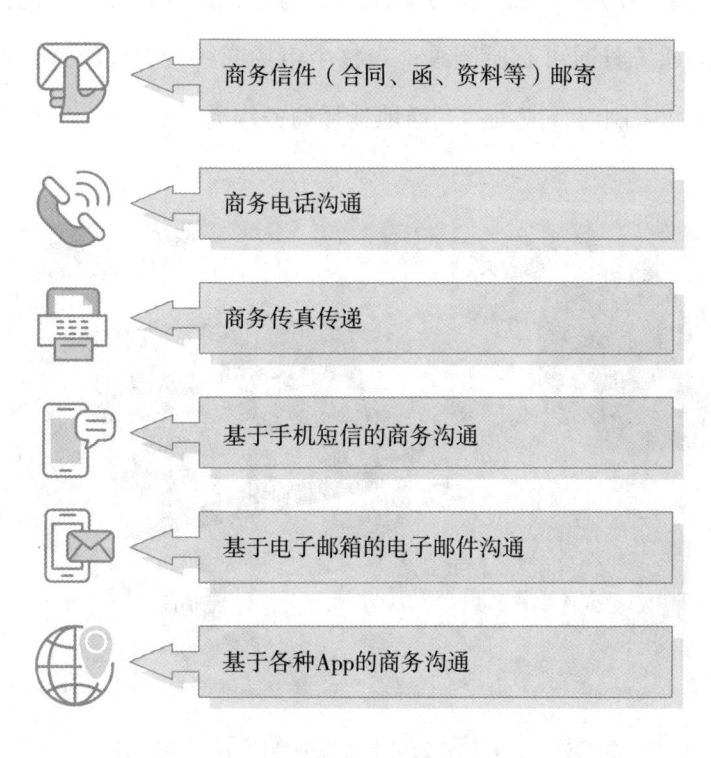

- 商务信件（合同、函、资料等）邮寄
- 商务电话沟通
- 商务传真传递
- 基于手机短信的商务沟通
- 基于电子邮箱的电子邮件沟通
- 基于各种App的商务沟通

多样化的商务沟通工具

商务沟通工具并非一成不变的。随着科技的不断发展，会有很多新兴的商务沟通工具被大众和商务人士接受而成为常见的商务沟通工具，也会有很多传统商务沟通工具逐渐被淘汰，还将有更多先进高效的商务沟通工具被应用于职场，以方便商务人士的沟通。

选择不同的商务沟通工具时要充分考虑其应用于当下的沟通是否便捷、有效，是否能准确、迅速、无误地传递信息和进行交流。

此外，在进行商务沟通前，有时沟通情况因为一些主观或客观的条件限制而不得不做出调整，这时应该对不同沟通工具有所取舍。例如，提前了解沟通对象比较习惯使用的沟通工具是哪些，在选择具体的商务沟通工具时可有所侧重；当整个市场或社会大环境背景对沟通产生影响和限制时，应灵活变通地选择商务沟通工具。

居家办公、异地办公可选择视频会议进行商务沟通

### 1.3.3 明晰商务沟通关系，高效沟通

根据不同的沟通关系（或方向），商务沟通可以分为下行沟通、平行沟通和上行沟通。

商务沟通涉及不同的沟通对象，而不同沟通对象之间会存在一定的商务关系、工作关系等，这些关系决定了沟通双方的沟通内容、方式和态度等。

不同关系的沟通类型

了解不同关系类型的沟通，明晰商务沟通关系，有助于参与沟通的当事人更明确地调整自己的沟通方式、方法、环境等，以实现更加高效的沟通。

## 1.3.4 根据商务沟通内容与程度，有的放矢

根据沟通内容的不同，商务沟通可以分为信息沟通、情感沟通。根据沟通程度的不同，商务沟通可以分为浅层沟通、深层沟通。

一般来说，在商务沟通中，信息沟通更理性，情感沟通更感性；

浅层沟通与深层沟通也要根据沟通对象的不同来合理把握。例如，在与合作多年的商业伙伴进行商务沟通时，对于彼此的商业模式、规模等都相互熟悉，商务沟通会更侧重于情感沟通、浅层沟通。沟通时，轻松叙旧多于严肃的商务会议，相互之间话不必说得太透就能了解彼此的心意并达成共识。

很多情况下，商务沟通类型不是非此即彼的，而是融合了各种不同类型的沟通，如商务合作洽谈中，既要与合作者交换信息、分析利弊，也要动之以情、晓之以理；在沟通过程中，有些内容要深入探究，有些话语要点到为止。总之，商务沟通是复杂的，是融多种类型的沟通为一体的沟通活动。

此外，除了上述沟通类型，商务沟通还有很多类型，如正式沟通和非正式沟通；单线式沟通、环形沟通、偶然式沟通，等等。沟通主体应结合主客观条件和沟通目的来综合评估各种沟通类型的有效性并选择适合的沟通类型。

## 1.4　了解对方的需求

商务沟通过程中，沟通主体相互交流各种信息、情感，直接目的是让对方了解自己的真实想法，因此从本质上说，商务沟通就是心理沟通。

如果不能在沟通的过程中了解对方的真实需求，那么会让双方相互都不能明确地知道对方的真实需求和目的，整个沟通在相互猜测中进行，会严重影响商务沟通的进程，使沟通变得无效。

在职场应聘、商务谈判中，了解对方的真实想法和需求就更加重要。如在职场应聘中，作为应聘者，你必须从面试官的提问中快速判断出对方究竟想要知道什么内容，从而有针对性地进行思考并做出得体的回答；在商务谈判中，你需要从对方的陈述中摸清对方的谈判底线、底牌，这样才能在谈判中争取到主动。

综上所述，商务沟通过程中，必须重视心理沟通，在沟通的过程中重视探求对方的心理，了解对方的真实需求，这是商务沟通成功的重要基础。

做好调研，了解沟通对象的工作作风、企业发展等相关资料

耐心倾听对方的表达，听全、听懂，关注并理解关键词句

从对方的沟通习惯（如语调、微表情等）探寻对方的心理

懂得共情

避免带着个人情绪进行商务沟通

了解对方的真实需求

**小试牛刀**

C女士是一位婚礼策划师，擅长精准探析客户的需求，客户满意度非常高。

近日，一位性格内向、不善言辞、要求严苛的客户找到了C女士，想让C女士帮忙策划一场求婚仪式。C女士热情地接待了这位客户，在简单的沟通后，C女士认识到这位客户对自己的求婚场景布置完全没有想法，对预算也把握不准，更不确定求婚地点选在哪里比较好。对此，C女士并没有一筹莫展，而是邀请这位不善言辞的客户先到窗边休息区喝杯咖啡，并与该客户主动聊起了自己与男友相识、相恋的趣事，这位客户听到有趣之处也不免会心一笑，主动说起自己和女友之间的趣事，这时C女士便开始饶有兴趣地鼓励客户再多讲一些。

你知道C女士这样做的原因吗？如果你是C女士，你会如何与这位客户沟通呢？你希望从沟通中获得哪些关键信息呢？尝试将你需要的关键信息填在下面的便笺中吧。

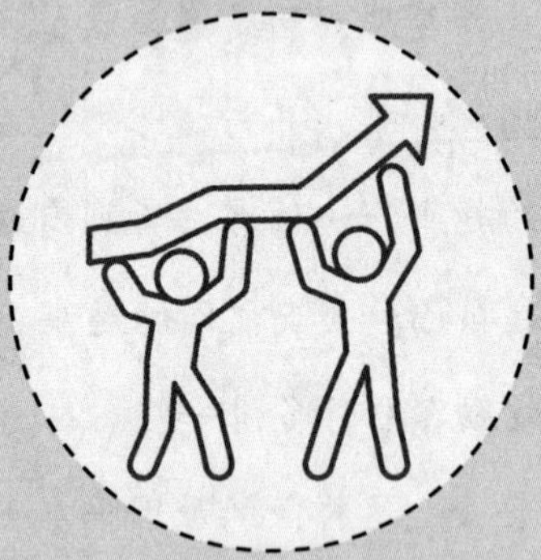

## 1.5 管理情绪，别让情绪成为沟通的拦路虎

### 1.5.1 在商务沟通中恰当表达情绪

有一句关于沟通情绪的话是这样说的："有效的沟通，70%是情绪，30%是内容。"也有人认为，情绪在沟通中的作用或许能占据沟通成效的80%。

作为自然人，有情绪是很正常的，但在商务沟通中不能肆意发泄自己的情绪，应该用合理的方式输出、表达情绪。有时情绪对商务沟通的影响也并不全是负面的，恰当表达情绪反而能推动商务沟通的顺利进行。

要想在商务沟通中恰当表达情绪，不妨参考以下几种建议：

首先，真诚表达情绪。商务沟通应以诚为贵，欣喜或遗憾、为难

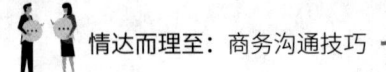

或同情，这些情绪的表达应真诚，万不可表现出虚伪的情绪。

其次，给情绪做减法。在商务沟通过程中，应尽量克制自己的情绪。

再次，情绪表达与场合相符。在商务沟通环境中，不管你刚刚经历了什么，如何想将情绪完全释放，都要充分考虑周围的氛围和环境，不要有格格不入的情绪表达。

最后，表达情绪的同时，要遵守基本的商务礼仪。在商务沟通中，个人情绪的表达代表个人工作能力、企业组织形象，因此，在表达情绪时要始终遵守基本的商务礼仪，不要失态。

商务沟通中情绪的恰当表达

## 1.5.2　控制情绪，做情绪的主人

与日常沟通不同，商务沟通更加理智。商务沟通中会涉及商业信息的交流、商业决策的制订、商业条件的谈判等，任何一个小的细节都有可能"牵一发而动全身"，因此在商务沟通中，应始终保持客观冷静，不要让情绪左右个人或团队的表现或决定，否则将导致难以想象的商务沟通结果。

负面情绪的肆意释放无异于给商务沟通设障，当负面情绪成为商务沟通的拦路虎时，商务沟通也就无法顺利开展。

当你在商务沟通的过程中夹杂了个人的负面情绪而又不恰当地表达和发泄时，很可能导致沟通表达的不理智，引发参与商务沟通的其他人的不悦甚至是不满，进而导致商务沟通的失败。

卡耐基曾说："不能生气的人是傻瓜，而不去生气的人才是智者。"一个成功的商务人士一定懂得在商务沟通中科学管理情绪的重要性，当你学会了在商务沟通中成功控制情绪，你也就能在商务沟通中轻松争取主动、把控全局。

## 沟通锦囊

### 情绪管理，是商务人士学会沟通的必修课

拿破仑曾说过："会控制情绪的人，比能攻下城池的将军更伟大。"

现代职场竞争激烈、压力大，有很多人会在工作中遇到各种困难和问题，进而产生各种负面情绪，如果带着这些情绪去和同事、客户沟通，很可能会导致沟通失败。

成功的商务人士是如何管理情绪、高效沟通的呢？这里有以下几条建议：

- 学会察觉和识别情绪，及时控制负面情绪。
- 深呼吸、保持微笑、做积极的心理暗示，将注意力集中到当下的商务沟通活动和沟通对象上。
- 无论发生了什么，在正式的商务沟通中要始终保持平静，遵守基本的商务礼仪。
- 带有情绪时，说话要慎重；不要在情绪（包括正面或负面情绪）高涨时做出有关个人或公司的重大决定。
- 受突发事件影响无法控制情绪时，及时和沟通对象说明，必要时可暂停商务沟通。
- 学会倾听，未知全貌前，不妄下结论、不产生偏见。

## 1.6　独自为战，还是依靠团队

在社会分工日益精细的当下，对于大多数商务人士来说，个人的商业影响力和工作能力是有限的，所以在商务沟通中，要重视与同伴协作，发挥团队的集体力量去争取商业机会和优势。

在市场环境中，商务沟通很多时候是一个项目的实施，一次成功的商务沟通是需要团队合作才能完成的。在团队商务沟通中，团队的聪明才智往往是大于个人的，正所谓"三个臭皮匠赛过诸葛亮"，通过团队内部的沟通与协商，可以得出让团队利益最大化、最优化的商务沟通方式、方案，这也就意味着与个人相比，团队商务沟通的优势更大。

在参与团队商务沟通时，各团队成员应明确自己在团队中所扮演的角色和承担的职责，在正式的商务沟通中，各团队成员要积极承担自己的角色任务，在同伴配合下，与对方进行高效沟通；当同伴发言或代表团队表达意向时，同样要给予同伴必要的设备、资料支持，以及适时的赞许、肯定、提醒等。

团队成员在商务沟通前商讨方案

在这里需要特别提醒的是，强调团队力量，并非否定个人力量，优秀的商务人士在商业团队中往往发挥着领导者、中流砥柱的重要作用，这时，个人的力量对整个团队的力量有重要的影响，有时甚至是决定性的影响。

在商务沟通中，既要重视发挥关键个人、意见领袖的力量，又要重视团队的整体协作，只有这样才能机动灵活地始终扩大优势，在商务沟通中把握主动权。

## 1.7 关注商务沟通环境,营造沟通氛围感

很多情况下,在商务沟通中对方并不会把自己的真实需求直白地讲出来,可能是不会表达、不便表达,或者是其他原因。在这种情况下就需要你营造商务沟通的氛围感,让对方在特定的商务沟通环境中与你进行顺畅的商务沟通。

具体来说,要根据商务沟通目的来创设情境、烘托氛围,这样可以通过环境因素影响沟通对象的心理,通过影响对方的心理变化来促使对方主动表达出他的工作想法、合作意愿或条件等。

比如,可以营造轻松愉快的环境,让对方放下紧张和戒心,主动亮出谈判底牌;再如,创设严肃的面试氛围,以考验应聘者的应对能力和心理素质。

一些特殊环境的商务沟通中,如商务演讲、商务舞会、商务洽谈会等，对于商务沟通环境有特殊的要求，这时环境的创设要符合商务沟通的主题。

轻松愉快的商务沟通环境

此外，在日常工作中，同事之间的沟通也会因为会议场景、讨论氛围的变化而发生变化，有经验的沟通者在与不同的同事进行沟通时，会特意选择不同的沟通环境。

总之，关注商务沟通环境，营造沟通氛围感，能充分发挥环境因素对商务沟通的积极影响，进而推动商务沟通的顺利进行。

# 第2章

# 事无礼，则不成
## ——商务沟通礼仪

商务礼仪是为了塑造、维系商务人士或企业的良好形象，创建、发展良好的商务关系而产生的，具体包括仪容和仪表礼仪、问候和握手礼仪、引导与介绍礼仪、宴请礼仪、交谈礼仪等。

在商务活动中，商务礼仪发挥着重要的作用，甚至能够决定商务活动最终的结果。作为商务人员，首先要加强外在的形象塑造，其次要努力提升内心的修养与综合素质，自觉遵守各种商务礼仪的规范，以便游刃有余地应对各种商务社交场面，赢得他人的信赖与认可。

## 2.1 商务着装，塑造良好形象

在商务活动中，商务人士的影响力、他人给予的信任度与其个人形象息息相关，良好的形象是征服人心的利器。在商务沟通礼仪中，得体的商务着装能为你塑造专业的形象，给人留下良好的第一印象。

### 2.1.1 让你的形象为你代言

商务人员的着装问题一直以来都倍受关注。首先，在商务交往中，商务人员的着装是个人审美品位的体现，正确的着装既能起到修饰个人容貌、形体的作用，亦能展现恰到好处的商务礼仪。

其次，商务人员的礼仪形象直接体现了企业对外接洽、会谈的礼仪要求，甚至能代表企业形象，彰显企业文化与气质。

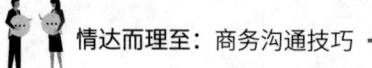

所以，作为商务人员，一定要注重商务着装礼仪，让自己的着装完美符合基本规范。

符合惯例，忌过分杂乱、鲜艳，或是过分暴露

符合身份，满足不同商务角色定位

区分场合，与周围环境、季节相协调

扬长避短，展示优点，隐藏缺点

商务着装的基本规范

## 2.1.2　男士商务着装礼仪

西装被认为是男士的正统服装，尤其是在出席商务活动或其他公

众场合的时候，一身剪裁合适、做工讲究的西装能让穿着者显得气度优雅、风度翩翩。那么，商务人士如何穿着西装，才符合商务礼仪规范呢？具体可看以下介绍。

◎ 注重搭配

西装与衬衫要搭配合理。在正式的商务场合，西装应当搭配领口挺括、材质优良的正装衬衫（长袖，最好无胸袋）。在一般性商务场合，可穿竖条纹衬衫（条纹不可太粗，颜色要经典耐看，不可太过鲜艳），而在重大商务场合，纯白色的衬衫是最保险的选择。

穿不同的西装，也要搭配不同的领带。领带除了有颜色、图案的不同外，还有宽窄之分。穿着者要根据自己的体型去选择不同款式的领带，比如体型肥胖者可酌情选择较宽的领带，体型正常者选择不宽不窄的领带，这样看起来较为和谐。另外，领带可以是纯色，也可以是斜条纹、波点等经典图案，颜色、图案都不要太夸张。

穿西装时也要注重皮鞋、袜子、腰带的搭配。最好是穿深色皮鞋，出席活动前，皮鞋要用鞋油擦亮，显得干净、精致。袜子不能太短，以免坐下时露出脚踝。腰带最好选择雅观的款式，尤其是带头，颜色不可太花哨，大方、简洁即可。

◎ 遵循"三色原则"

"三色原则"指的是男士身着西装的时候，全身衣服的颜色不要超过三种或者干脆处于同一色彩的范围内，这能给人带来和谐的视觉感受。最标准的西装套装颜色有黑色、灰色等。

◎ 遵循"三一定律"

"三一定律"的概念原出自戏剧创作，指的是剧本中的时间、地点、情节保持"整齐划一"，后被引用到商务着装礼仪规范的范畴中，指的是男士身着西装套装时，其皮鞋、皮带和公文包的颜色相同。一般选择黑色即可。

身着笔挺的西装

## 2.1.3 女士商务着装礼仪

在商务活动中,女士一般身着不同的职业套装,以凸显优雅利落的职业形象。女性商务着装礼仪的要点如下。

◎ 穿着得体

女士着装应尽量选择套装,如西装套裙等,给人和谐的视觉感受。女士可根据自己的体型去选择面料挺括光洁、长短适宜的 A 型或 H 型套裙,颜色不可太过鲜艳,图案也不能太夸张,尽量凸显自身庄重典雅的气质。另外,可选择真丝、纯棉材质的衬衫,要求色彩雅致。

◎ 配饰画龙点睛

身着正装时,女士可选择不同的配饰去为自身的装扮增添光彩,如精致的手表、项链、丝巾等,需要注意的是,配饰的风格要与自身的穿着相配,以起到相得益彰的效果。另外,配饰不宜过多。

情达而理至：商务沟通技巧

穿着得体的商务正装

## 2.2 仪容、仪表、仪态

### 2.2.1 商务仪容礼仪规范

仪容，指的是人的外貌。整洁、美观的仪容是你最好的名片，能够帮助你顺利扩展商务人际关系。

商务仪容礼仪规范分为女士篇和男士篇，分别介绍如下。

◎ **女士篇**

对于商务女性而言，出众的五官只是加分项，并不能起到决定性作用。换句话而言，所谓的仪容美指的不仅是先天的长相，还包括后天的打理、保养和修饰。时刻保持仪容干净整洁、和谐自然，维持更好的自我形象，你就能成功赢得他人的好感。

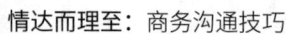

头发修饰：定期洗护头发；最好将长发盘起，保持清爽干净；不佩戴夸张发饰

面部修饰：根据自己的五官特点搭配适合自己的妆容，以清新淡妆为主

身体修饰：做好脖颈清洁；定期修剪指甲；喷洒的香水味道清新自然

商务仪容修饰要点之女士篇

◎ 男士篇

在商务交际场合，虽然男士不用像女士那样需要以自然得体的妆容示人，但也应该注重仪容修饰，以给人留下良好的印象。

男士仪容修饰的重点在于"洁净"，以突出自身整洁、清爽的形象。

- 头发修饰：定期修剪头发，以保证前面头发不遮眉毛，两侧露出耳朵

- 面部修饰：每日都需剃去胡须，保持面部清洁；保持口气清新

- 身体修饰：勤洗澡、勤换衣；外出前在腋下等易出汗的部位涂上止汗香剂

商务仪容修饰要点之男士篇

## 2.2.2 商务仪表礼仪规范

仪表，即人的外表，形容一个人仪表堂堂，指的不止是他的五官容貌，还包括其言谈举止、外在的姿态、风度等。

商务人员的仪表礼仪规范首先体现在其着装上，得体的着装，决定了他们留给人们的第一印象，也反映了个人的审美趣味；其次体现在其言谈举止上，得体的行为举止、优雅的谈吐能显现出一个人不俗的气度，也能突出其文化修养，这在商务会谈场合都是加分项。

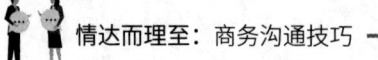

### 2.2.3　商务仪态礼仪规范

仪态，指的是人在站立、行走、坐下时所展现的不同身体姿态，也包括其神态表情等。在商务活动中，仪态美能为商务人员增加自身的魅力，并向他人传达自己良好的素养等信息。仪态礼仪包括站姿礼仪、走姿礼仪等。

站姿礼仪。商务人员站立时要挺直脖颈和背脊，给人一种挺拔、端庄、精神饱满的感觉，同时保持自然，不要太过僵硬。

走姿礼仪。商务人士行走时要挺胸、收腹，重心稍向前倾，目光平视前方。手臂垂在身体两侧，自然摆动。男士要给人刚健有力的感觉，女士的走姿则要注意轻盈如风，不要给人累赘、拖泥带水之感。

## 2.3 问候与握手

### 2.3.1 亲切问候，表示尊重

问候，指的是沟通双方打招呼、问好。在商务交际场合，与在场人士亲切地打个招呼，简单地寒暄几句，是极其普遍的礼节，问候礼仪是商务人士加深感情联系、加强沟通的一种交际手段和方式，有助于商务活动顺利开展。其所应注意的要点如下：

第一，注意问候的次序。如果商务沟通仅限于两人之间，应当是身份、地位较低的人主动向位高者打招呼。如果沟通同时在多人之间展开，可用"大家上午好"之类的语句笼统地找个招呼，也可以根据年龄的大小、职位的高低逐一和在场人士打招呼。

第二，注意问候的态度。在商务场合，问候对方时要彬彬有礼、

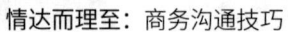

亲切热情，并掌握分寸。太冷淡，则显得有失礼貌；太激动，又显得过于唐突。正确的做法是目光温和地直视对方，亲切、大方地向对方问好："您好，真高兴认识您"，"久仰大名，您比'传闻'中还要光彩夺目……"

第三，热情的问候话语可搭配使用常规问候礼。东西方通用的问候礼包括点头礼、举手礼等。点头礼又叫作颔首礼，常规做法是面带微笑，同时微微点头示意；向距离稍远的人打招呼时，可向前伸高、伸直右臂，注意右手大拇指自然叉开，其他四指并齐，整个右手掌轻轻摆动一下，摆动的幅度不宜过大。

## 2.3.2　亲密握手，拉近人心

握手礼几乎成了国际通用的交际礼节，而在商务交际场合，商务人士相互之间握手，可传达出问候、欢迎、祝贺等多种信息，能有效拉近人心。与对方握手时，要采取适宜的力度，讲究相关动作要领。

在商务活动中，双方握手时，还需注意相关细节，比如职位低的人和职位高的人握手时，职位低的人不宜先伸手；男士与女士握手时，男士不宜先伸手；不要用左手与他人握手；握手时应掌握力度，不要用力过猛；握手时，不要拉着对方的手左右晃动，或者只握住对方的指尖；握完手后，不要立即掏出纸巾擦拭手掌，等等。

第 2 章 事无礼，则不成——商务沟通礼仪

- 起身站立，以示尊重
- 面带微笑，注视对方双眼
- 掌心向上，与对方单手相握
- 握手时，保持适宜的距离
- 握手时间应在3秒内

握手礼仪的动作要领

友好握手，传递信任

043

### 情真理切

Z先生是一家汽车销售公司的高管，人到中年，事业蒸蒸日上。想当初，他也是从底层销售员做起，步步耕耘，才有了今日的成就。

谈及过往岁月，有一件事令Z先生印象深刻。他说，公司十周年庆典时，他作为优秀员工站在台上与其他业绩突出的员工一起接受表彰。想不到公司董事长在与高层领导简单寒暄后，竟来到他们普通员工身边，逐一与他们打招呼、亲切地握手。轮到他时，只见董事长目光温和地直视着他，向他点头示意，同时伸出双手握住他的右手，他只感觉内心一阵温暖，仿佛涌起了无穷的工作动力。

这件事给予了Z先生深深的启发，从那以后，无论是在工作场合还是在商务社交场合，他都格外注重问候与握手礼仪，在展现自己最大诚意的同时，向对方表示最大的尊重和信任。时至今日，身为公司高管的他从未忽视这方面的礼仪，反而比当初更加严格地审视自己的言行是否符合礼仪规范，这为他赢得了对手的尊重和下属的拥护与爱戴。

## 2.4 引导与介绍

### 2.4.1 引导礼仪的基本要点

在商务会议、宴请等场合，当参会者或宾客来访的时候，需要安排商务接待人员引领其步行至目的地，此时，唯有掌握正确的引导方法才不会失礼，引导礼仪的基本要点如下：

第一，门口接待引领。引领者提前站在门口等候，要求站姿标准，背脊挺直，双手自然垂下或交叠置于腹前，一举一动都彰显仪态之美。远远看到客人来到的时候，可挥手致意，面带微笑，如果客人身份、地位较高，可向客人行欠身礼或鞠躬礼，以表示欢迎和敬意。

第二，引领途中，应时不时地提醒对方"请注意前方的楼梯""您请这边走"，并搭配使用相应的手势——五指自然并拢，手心向上、稍抬高，以肘关节为轴向外转。

第三，引领客人上楼时，引领者应让客人走在前面，时刻注意客人的安全；下楼，引领者要走在客人前面，脚步不疾不徐。

第四，来到电梯前，引领者应先按电梯，请客人进入。若来客不止一人，引领者应先进电梯，按住电梯开门按钮，并指引客人逐一进入电梯。到达目的楼层后，引领者按住开门按钮，并口头提示客人先出电梯。

为来访者按停电梯

第五，开门时，引领者要一边做出提示"请稍等"，一边主动向前拉开或推开门把手，用回摆式手势请大家进门，最后再把门关上。

## 2.4.2　介绍礼仪的注意事项

介绍礼仪是商务沟通礼仪的重要组成部分，是用来自我展示、自我宣传、互相了解、加深感情联络的工具，一般包括自我介绍和他人介绍（第三者介绍）这两部分内容。

◎ 自我介绍

在商务交往中，时常会遇到与陌生的商务人士结交、自报家门的情况，也就是要进行自我介绍。

自我介绍首先要抓住合适的时机，不要在对方与他人谈兴正浓或者陷入沉思时突然出现，强行介绍自己，这只会引起对方的反感。自我介绍时，应做到声音清晰、语速自然、内容简洁，同时态度要诚恳、友善、随和，给人以彬彬有礼、落落大方的良好印象。介绍的内容一定要是真实的，不要过分夸大、吹嘘自己。

在一般性或正式商务场合，可开门见山地介绍自己："您好，我叫××，是××文化传媒公司的市场总监。"具体介绍的信息包括姓名、任职企业名称、所担任的职位，以及具体的工作内容等。

在氛围相对自由的商务社交场合中，自我介绍的信息范围可适当扩展、延伸，比如是哪里人、过往的学历或工作经验、本人性格、兴趣爱好等。与对方交换这些信息能够令相互之间了解得更加深入，沟通起来也更加亲密。

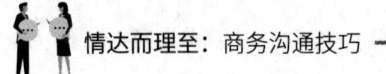

◎ 他人介绍

在商务交际中，如果有第三者为你引见，则无须做自我介绍。他人介绍一般是双向的，即被第三者引见的双方一般也会对自己作一番简单介绍。如果是在宴席或酒桌上，介绍人和被介绍人为了表示尊重，可起立与对方握手致意，离得稍远则可点头示意。

需要注意的是，第三者在为互不相识的双方引见、介绍前，应征求双方的意见，获得双方同意后再进行。

## 2.5　名片礼仪

在现代商务社会，名片有着各种各样的作用，比如可充当"介绍信"，向对方介绍与自己有关的信息，也可充当"联谊信"，发挥交友会友、保持联络的功能等。

一般而言，名片正面印有任职企业、姓名、职务、个人微信号、电话号码、公司地址、邮政编码等信息，而名片后面则可能印有企业简介、经营范围、相关产品信息等。

名片礼仪的核心内容在于名片的交换，如果你的言行举止符合礼仪规范，既能表现你对交往对象的尊重，也体现了个人修养。一般商务人士初识或初次见面离别之际会互相交换名片，而在递交名片的过程中，要面带微笑，右手持握名片，在说着"这是我的名片，请多指教"等礼节性用语的同时，上体微微前倾将名片递交对方，或者双眼

情达而理至：商务沟通技巧

真诚注视对方，双手奉上，更显尊重。接收他人名片时，也要态度谦逊，郑重接过。

真诚注视对方，双手奉上名片

**小试牛刀**

公司安排E女士和W女士前往公司门口去迎接一位客户，两人在楼下等了十多分钟，迟迟不见客户的身影，W女士便百无聊赖地玩起手机来。正当她玩得投入时，一辆黑色轿车远远停了下来，E女士慌张地小跑上前，见来人正是客户，便气喘吁吁地隔着车窗说道："您好，李总，我们公司派我来接您。"

见李总向她点头示意，E女士像是想起了什么，从上

050

衣口袋里掏出名片，穿过打开的车窗递给对方："李总，这是我的名片……"而李总此时正忙着停车，根本顾不上去接E女士递过来的名片。

此时，W女士也迎上前来，她见到李总第一句话便是："李总，您知道我是谁吧，上次我和我们经理一起去您办公室拜访您来着……"

你能看出E女士和W女士的言行中有哪些不符合商务社交礼仪的地方吗？如果公司安排你去迎接客户，你会注意哪些方面呢？尝试将你的做法填在下面的便笺中吧。

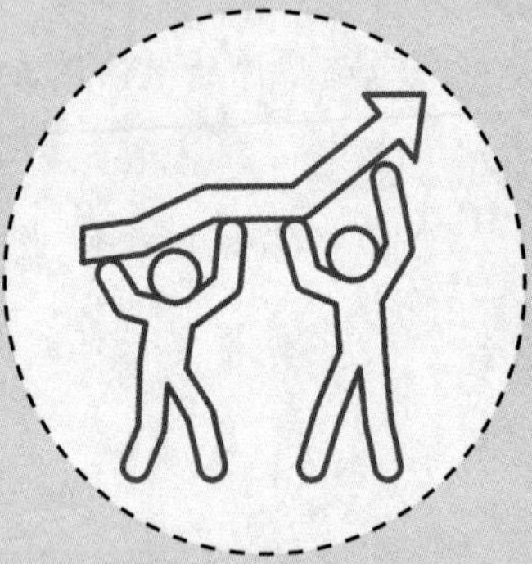

## 2.6 会议组织与参会礼仪

### 2.6.1 商务会议的筹备

在商务活动中，很多重要事项的商议、决策、执行等都是通过由不同层次、不同数量的人参加的专门的事务性活动——会议所决定的。会议前的组织与筹备工作十分重要，其为会议的顺利进行奠定了基础。

会前准备工作包括以下几个方面：

敲定议题：根据领导指定议题或在专门人员调查、研究的基础上，综合所有需要解决的问题去拟订会议名称。

明确时间：明确会议召开的时间、整场会议延续的天数、每次会议进行的时长等。

划定规模：包括会议的重要程度、出席总人数、场地规模等。

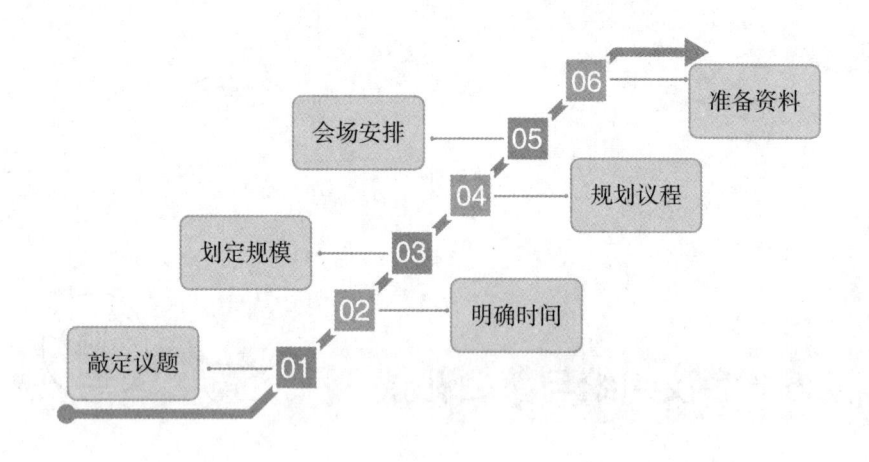

```
06 → 准备资料
05 → 会场安排
04 → 规划议程
03 → 划定规模
02 → 明确时间
01 → 敲定议题
```

会前准备工作

规划议程：明确大小会议的先后顺序、每场会议的详细流程等。

会场安排、布置：考察会场环境，准备工作牌、条幅、音响等会场道具，按部门职能、行政级别去安排座位排序等。

准备资料：拟订出席人员名单，制作议程表，打印通讯录，将相关文件、工作报告、主持人串讲词等准备好。

## 2.6.2　参会礼仪

◎ 会议位次礼仪

参会者的座位安排是一个较为敏感的问题，一旦安排不周，显得失礼不说，还很容易引发各种矛盾。唯有严格遵循商务会场位次排序的礼仪原则和具体的规范，才能彰显会议主办方的诚意。

小型内部会议一般人数较少，参会者可围桌而坐。如果大家的身份、地位都差不多，一般不用那么讲究，自由落座即可。如果参会者的身份、地位不等，则可将会议室的主要背景墙下正中的座位或正对会议大门的位置（按照礼仪习惯，面朝正门者为上座）设为主座，其他参会者按照职位、辈分的高低依次落座于主座的两侧。

常见的大中型会议有企业年度总结会、产品发布会等，多采用主席台和观众席面对面的形式。主席台位次的安排极其重要，一般遵循以中为尊、左侧座位高于右侧座位的原则。观众席中，职位、影响力较高的人坐在前排座位，职位较低的人坐在后排座位。

如果是一般性商务会谈，则普遍采取对谈双方面对面而坐，中间横贯一长方桌的形式。以谈判会议为例，谈判双方分别坐在长桌两侧，客方正对大门而坐，主办方背门而坐。

◎ 参会者礼仪

参会者应身着合适的服装准时到场，跟随主办方的引导人员有序落座；会议正式开始前应关闭手机铃声；会议进行过程中需认真倾听、思考、做笔记，不可随意走动，也不要与其他参会者大声交谈。

◎ 发言者礼仪

发言者接受邀请走向主席台时要做到步伐稳健，沉稳自信，发言时音量清晰，不徐不疾。如果是自由发言，要注意在其他人发言完毕后，举手示意，得到允许后再将自己的观点娓娓道来。倾听过程中，哪怕不认同他人的观点，也不要随意出言打断，而应等待合适的时机礼貌地提出询问。

## 2.7 宴请礼仪

很多商务人士都将餐桌、酒桌视为商务往来、业务洽谈的绝佳地点，若能举办一场其乐融融的宴会或招待会，可让赴宴人士对举办方产生良好的印象，从而促进双方的合作意向，消除隔阂，增进友谊。当然，无论举办何种形式的宴会，都需要遵循一定的礼仪规范。

其一是菜肴和酒水安排。

菜肴及酒水是宴请中的重头戏。首先，菜肴必须符合客人的口味，主办方的相关工作人员可对此进行一番调查，准确掌握客人的喜好和忌口，也可以在宴请前征求客人的意见，根据客人的反馈定制菜单。菜肴种类不可太单一，最好荤素、冷热合理搭配，注重口味的同时兼顾营养。菜量上也要多做考虑，做到既丰富又不造成浪费。

其次，一般在开席前询问客人喝什么酒水即可。最好明确问题范围，让客人自己选择，比如"您是喜欢喝红酒还是喜欢喝白酒？"

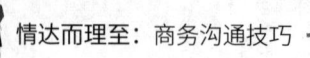

其二是桌次及座次安排。

关于桌次，如果是小型宴会，则靠近背景墙的宴会桌为上，背对正门的宴会桌为下；如果是大、中型宴会，一般离主桌位置较近的宴会桌为上，较远的为下，等等。关于座次，如果是一张圆桌，则以身份地位最高者为中心，依次安排其他主宾和主陪的座次。

总结而言，宴请桌次和座次安排应遵循以下原则：以中为上、以右为上、靠墙为上、面门为上等。需要注意的是，如果宴请人数过多，需要提前在各桌、各座位前做好标识（姓名、职位等），令赴宴人员都能对号入座。

其三是进餐及敬酒礼仪。

作为主办单位，在宴会开场后，应由宴请组织者起立，手举酒杯，说出一番祝酒词。等大家碰杯干杯之后，示意客人正式用餐。

进餐时，首先，要注意坐姿，不可太松懈，也不要太过僵硬死板，坐直坐正即可；其次，要注意不要左顾右盼，或者皱眉挑剔菜肴，或者大声非议其他客人的隐私，这都会给人留下缺乏教养的坏印象。尤其要注意吃相要斯文，不发出难听的咀嚼音，要主动使用公筷等。

敬酒时，要注意：按照职位级别高低的顺序来敬酒，最好能说出切题的祝酒词；碰杯时，敬酒者的酒杯要比对方略低；有人前来敬酒时，应放下筷子，及时起身；不要抢在领导前面敬酒，等等。

## 2.8　谈吐得体，抓住商机

在商务交际场合，只有通过语言交流，才能拉近双方的关系，从而进一步达成合作。可以说，很多珍贵的商机都是在商务交谈的过程中聊出来的。正因如此，商务人员都应去充分学习与掌握以下交谈礼仪，加强沟通方法，以获取有效商务信息。

### 2.8.1　选好场所，开启话题

在商务交际场合，聪明地开启话题能让商务人员少碰钉子。一位业务员在推销产品的过程中不断地遭遇拒绝，直到他换了一句开场白："您好，打扰了，有个问题想要请教您。"这句开场白很容易引起对方的好奇，于是一场对话就此展开。

开启话题的方式多种多样，比如引起对方的谈话兴趣、寻找双方

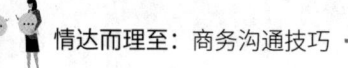

的共同话题等，但核心在于你必须暂时放弃你的直接目的——推销产品、促进合同签订等，如果你将你的目的毫不掩饰地写在脸上，话里话外都只想和对方达成商务合作，却丝毫不考虑对方的感受，明显是失礼的行为，也很难让对方对你产生好印象。

另外，商务会谈场所的选择也很重要，最好选择环境较为安静或设备较齐全的地方进行商务洽谈，这样能有效保证沟通的质量，而不要将会谈地点定在快餐店、美食广场等嘈杂、喧闹之地。

### 2.8.2 说话得体，掌握分寸

商务交谈礼仪体现在以下几方面：

第一，注意说话的声音、语速等。在交谈过程中不要高声说话，应尽量保持适中的音量、柔和的语调，语速不疾不徐。

第二，注意身体语言。其主要体现为面部表情和身体姿态。首先，交谈过程中要保持诚恳自然的态度，面带笑容、眼神真挚，或者随着对方的谈话时不时点头，以示对对方的尊重和对所谈话题的关注；其次，交谈时，无论是站着和还是坐着都要保持良好体态，背脊挺直，不要给人懒散松垮的坏印象，在运用相关手势的过程中，注意动作幅度不要太大、太夸张，也不要运用得过于频繁。

第三，掌握谈话的分寸。比如，开启话题要因人而异，不该说的不要乱说；不要自顾自地展示口才，而要密切观察对方的反应，积极和对方互动；想要调节气氛时也要把握好尺度，不要开不适宜的玩笑，你的幽默话语最好既能引人发笑，又能引人思考、给人启迪。

## 沟通锦囊

### 商务交谈时，避免误入雷区

和谐、顺利的商务交谈是建立良好合作关系的基础。在掌握交谈礼仪的同时，也要避免误入雷区，否则就会引起对方的反感情绪，彻底破坏双方的商务合作关系。那么，商务交谈的雷区有哪些呢？又该如何去纠正呢？具体介绍如下：

- 直接反驳对方的观点。在商务会谈中，可能对方的发言你并不一定同意，但也不要用尖锐的话语直接反驳对方，正确的做法是等对方发言完毕后，先肯定对方，再温和、婉转地说出自己的想法。

- 不给对方说话的机会。一些商务人士口才较好，在商务交谈中一个劲地诉说自己的观点，却很少注意倾听别人的话，殊不知这样会直接浇灭对方的交谈热情。正确的做法是不断引起对方的倾诉欲望，并耐心倾听。

- 谈论的话题格调太低。比如非议对方行业发展前景、谈论其他商务人员的隐私等。在正式的商务会谈场合，比如谈判时，话题最好要紧扣主题展开，否则会给人不专业的印象。而作为商务闲谈的话题，可围绕双方的兴趣爱好等进行，既能活跃气氛，又无伤大雅。

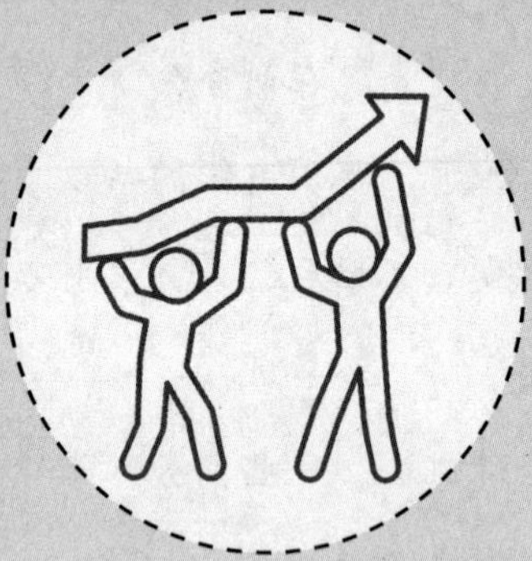

第 3 章

**合情合理，应对自如**
**——日常商务沟通**

商务沟通在日常工作中必不可少,掌握必备的沟通技巧能够让我们在商务沟通中如鱼得水,左右逢源。

日常的商务沟通繁杂,需要面对各种问题,如如何进行求职与招聘,如何进行述职报告,如何开展商务演讲,如何进行会议沟通,如何发布企业内部文书等。接下来我们一起解决这些问题,轻松应对日常商务沟通。

## 3.1 求职与招聘

### 3.1.1 掌握求职技能，顺利拿到录用通知

◎ 充分准备，成竹在胸

求职者想要找到心仪的工作，首先要搜集招聘信息，更多的招聘信息意味着更多的机会，因此，求职者要不遗余力地通过各种渠道和关系搜寻尽可能多的招聘信息。

随着互联网的快速发展，人们获取信息的方式更加多样化。求职者可以通过多种方式获取招聘信息，如专业的招聘网站、企业官网、报刊、招聘会、人才交流中心等。

国家对应届毕业生有特殊的优惠政策，应届毕业生除了可以通过以上方式求职，还可以通过校园招聘会、校园论坛就业版块以及毕业生就业指导中心获取招聘信息。

求职者获取招聘信息后，需要对招聘信息进行筛选，找到适合自己的岗位，然后做好充分的求职准备。求职者在应聘前准备得越充分，面试时越能从容应对，不慌不忙。求职者在面试前通常需要做以下一些准备。

面试前的准备工作

◎ 求职面试时的沟通技巧

求职者在企业应聘时通常需要经历以下几个步骤：简历投递—笔试—面试。面试官经过精心设计，通过观察、沟通和交流等方式能够在短时间内全方位地了解求职者，因此面试一直是招聘过程中最重要的考核方式。一些企业为了更全面地考察和了解求职者，还会设置多轮面试，而每一轮面试都是求职者进入下一个求职环节的敲门砖，因此作为求职者掌握面试时的沟通技巧十分重要，具体可从以下方面入手：

（1）不打断对方，使用文明礼貌用语，不使用冒犯性的语言

在对方说话时不随意打断是尊重对方、有礼貌的表现，即使再着急也要等面试官把话讲完，否则印象分会大打折扣。在与面试官交流时要使用文明礼貌用语，在一些压力型面试中面试官可能会表现出咄咄逼人的态势，即使这样，求职者也要注意使用文明礼貌用语，切忌在谈话中出现冒犯性的语言。

（2）要真诚，不要夸大其词

在进行面试时一定要实事求是，面试官可能是很有经验的资深前辈，如果夸大其词很容易被面试官识别出来。

（3）回答问题要逻辑清晰，回答内容量要适中

在回答面试官的提问时，要理清思路，逻辑清晰地表述，在回答时可以放慢语速，边回答边思考。回答问题时不要局限于"是的""好的"等简单的回答，要针对自己的回答展开来讲，这样能够让面试官感受到求职者是真的明白所提问题，但也要避免滔滔不绝地说个不停。

## 沟通锦囊

### 面试过程中的非语言沟通

非语言沟通是指沟通主体通过除语言外的其他方式与沟通客体达到交流的目的，它能够补充和加强语言沟通。常见的非语言沟通有衣着打扮、目光接触、面部表情、肢体语言等。

面试时要根据应聘岗位穿着适合的服饰，如面试公务员时宜穿着正装，面试工商企业时要穿着朴素、大方等。合适的衣着搭配可以给面试官留下良好的第一印象，为之后的面试能够顺利进行打下良好的基础。

面试过程中还要注意与面试官进行目光接触和眼神交流。目光接触是对对方尊重的表现，通过目光接触，应聘者可以让对方感受到自己在认真倾听并对谈论的话题感兴趣，给面试官留下好的印象。如果在面试过程中左顾右盼会给面试官留下心不在焉、不重视面试的印象，如果眼神飘忽不定会给面试官留下不自信、心虚的印象。

除了服饰、目光外，应聘者在面试过程中还要注意自己的面部表情和肢体语言。有礼貌的面带微笑不仅可以让人感到亲切还能体现自信，在与面试官进行讨论时适时使用手势等恰当的肢体语言可以更好地表达自己的观点，但注意手势不宜过于频繁，同时要避免一些小动作，如挠头发、抠手指头等。

## 3.1.2 做好招聘工作，高效招收优秀人才

◎ 做好面试前的准备工作

企业进行招聘通常需要经历"提出招聘需求—招聘需求分析—招聘渠道的选择—简历初步筛选—填写招聘登记表—笔试—面试—终面—薪资谈判—学历核查—拟录用报批"等复杂的流程，面试在招聘环节中起到至关重要的作用，低效的面试不仅无法为企业招收合适的人才，也会浪费大量的时间和人力。因此，招聘人员在进行面试前需要做好充分的准备工作，这样才能招收适合企业的优秀人才。

熟悉应聘者的履历

确定面谈目的

选择面谈问题

面谈时间预估

面试前的准备工作

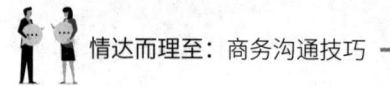

◎ 招聘面试时的沟通技巧

面试是招聘流程中最重要的环节之一，面试官通过面试可了解应聘者的履历、工作经验以及工作能力等。在有限的时间内筛选出适合企业的优秀人才不是一件容易的事儿，掌握一定的沟通技巧有助于提高面试效率。

（1）在了解应聘者履历时，引导应聘者按照时间顺序来介绍，如果中间有空白时间，则要详细询问产生空白的原因和经历，这些空白点可能是应聘者的失败经历，了解这些内容有助于全方位地了解应聘者。

（2）通过问题引导应聘者讲出过往工作经历的细节，通过细节了解应聘者的真实能力。询问时不仅要了解工作具体是怎么做的，还要了解应聘者当时那么做的背后原因。

（3）如果应聘者谈及"我们"或"团队"，则要具体询问包含哪些人以确定应聘者的具体工作分工和内容。

（4）如果应聘者在谈到过去的坎坷经历时情绪激动，则要先暂停面试，待应聘者情绪平稳后再继续面试。

（5）面试时不要过多地重复应聘者的话，这样容易被误认为是引导性提问，而且无法得到新的信息。在面试时应尽可能从多个角度和维度提问，这样有助于全方位地了解应聘者。

（6）面试时要留意应聘者的精神面貌，如衣着、语言、神态和肢体语言等，同时要注意自己的提问方式，尽可能让应聘者表达自己的想法，而不要在问题中透露出自己的想法，否则可能造成应聘者的刻意迎合。

面试官代表了企业的形象，因此在面试过程中，面试官要注意着装礼仪，根据企业和岗位的类型，选择合适、端庄的服装，同时面试官在与应聘者沟通时还要注意使用文明礼貌用语。

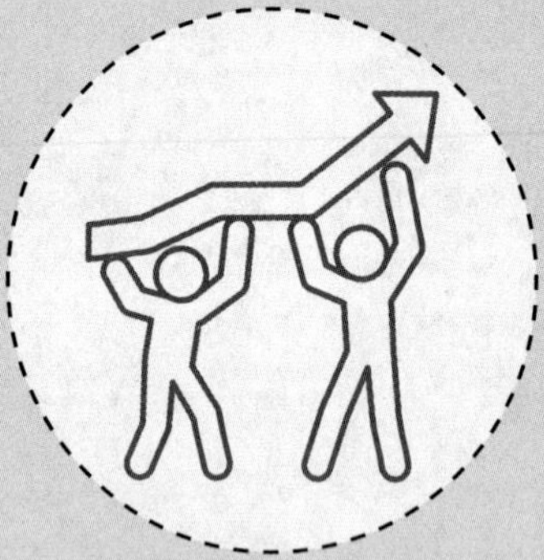

## 3.2 述职报告

述职报告在日常商务活动中十分常见，它是报告人对自己在一段时间内的任职情况进行总结，并向上级领导和所属部门进行自我评述的报告。述职报告通常包含工作的成绩、自己存在的缺点和问题以及对未来工作的改进等，是进行自我鉴定的报告。可见，述职报告对于自己和企业而言都是非常重要的，所以无论是书面的述职报告还是口头的述职汇报，都要注意沟通的技巧。

### 3.2.1 述职报告的写作格式和写作技巧

述职报告一般要以书面形式呈现出来，这是与领导进行书面沟通的重要方式，因此要重视述职报告的写作。具体来讲，要熟知述职报

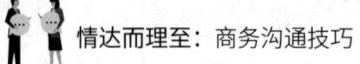

告的写作格式与技巧，这样才能呈现完整、标准的述职报告，与领导有一个更好的书面沟通。

述职报告包含标题、正文、署名及日期。各个部分都有相应的写作格式。

（1）标题可以采用文种式标题、公文式标题或文章式标题，如"个人述职报告""××（姓名）××年任××职务的述职报告"等。

（2）正文一般包含以下几部分内容：

其一，任职概况和评估。通常情况下，这部分内容主要阐述岗位名称、岗位职责、岗位目标以及报告者的自我评估。

其二，工作完成情况。这部分内容为述职报告的核心内容。这部分要重点阐述工作业绩以及经验，通过介绍工作完成情况来体现个人能力和工作水平。书写此部分内容时可以从自己对工作的认识、自己的做法、获得的工作经验和取得的业绩等几方面来写。

其三，工作中的不足以及今后的规划。总结工作中存在的不足以及改进的方法或方向，并从实际出发，对今后的工作做出科学合理的规划以体现积极认真的工作态度。

（3）署名和日期。在述职报告的最后需写上姓名和日期（也可将其写在标题下）。

述职报告主要体现报告者的工作完成情况、取得的工作业绩以及存在的问题，因此书写报告时要紧紧围绕报告者的工作来展开并运用以下写作技巧：

（1）结构层次分明，逻辑清晰。结构分明的述职报告可以让上级组织或领导对报告者的工作一目了然。报告者在书写报告内容时可以参考以下固定结构模式。

```
姓    名：×××
所属公司及部门：×××
职    务：×××
评估时间：××年××月至××年××月
一、工作总结
二、汲取的经验和教训
三、自身的不足以及对未来的工作规划
四、一些建议
```

述职报告的结构模式

（2）报告围绕岗位职责，突出典型工作成果。报告要围绕自己的岗位职责来写，描述工作成果时要重点突出具有代表性的业绩，但切记要实事求是，不可将他人或集体的劳动成果作为自己的业绩。

（3）谈论不足时要具体。谈论自身的不足时要具体到事件或问题本身，这样才能赢得人们的认可，如果泛泛而谈会给人留下态度不够诚恳的印象。

## 3.2.2　述职汇报的注意事项

一些企业或单位的员工不仅要提交书面述职报告，还要向组织或上级领导当面进行汇报，即述职演讲。精彩的述职演讲可以更好地展示员工的工作业绩，体现员工的个人能力和素质水平，因此掌握一定的汇报技巧十分重要。汇报者在进行汇报时可以着重注意以下一些事项：

（1）汇报者要自信、大方，汇报语言要朴实、精练、易懂。口头汇报不同于书面报告，进行汇报时要避免使用华丽、晦涩、有歧义的语言，尽量选择朴实、精练的语言，这样听众更容易理解。

（2）不要夸大工作成果。汇报的对象与汇报者通常是共事关系，双方彼此了解，因此汇报时切忌夸大工作成果，给人留下华而不实、夸夸其谈的印象。

（3）突出独特的工作特点和工作方法。汇报时要着重突出自己独特的工作特点和工作方法，这样能够给上级组织或领导留下深刻印象。

（4）重点突出，详略得当。汇报工作业绩时要优先、详细介绍工作的重点内容，对于非重点内容可以一语带过。

（5）衣着要得体。述职汇报是对自己一段时间工作的总结，是在正式的场合进行的汇报活动，因此汇报者要注意自己的衣着端庄、得体，以表示对听众的尊重。

为了达到良好的汇报效果，汇报者可以根据汇报内容制作PPT配合述职演讲，并在汇报前进行多次练习。

## 3.3 商务演讲

演讲是在公共场合使用有声语言配合肢体语言发表自己的观点或抒发情感的语言交际活动。随着企业业务的扩张和发展，越来越多的商务人士需要进行商务演讲。商务演讲通常带有特定目的，如产品发布会的演讲通常是为了宣传产品，促进产品销量；企业年会的演讲通常是为了振奋人心，让与会者心情愉快。

### 3.3.1 准备有方，演讲不慌

在演讲前，演讲者要根据演讲的内容进行充分的准备，如果时间允许，最好用准备好的演讲稿提前进行演讲练习，这样可以帮助演讲者克服演讲时的紧张情绪。在演讲前，可以按下图进行准备。

流程图内容：

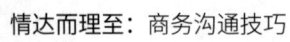

- 分析听众：考虑听众的年龄、特点，分析听众想听的内容，以及适合的演讲氛围
- 选题立意：选题要符合现实的需要或听众的需要，在此基础上选择演讲者熟悉的内容
- 心理准备：演讲者一方面要适应演讲的环境，另一方面要克服紧张的情绪，自信地上台
- 资料搜集：围绕选题进行相关资料搜集，资料类型尽量丰富，如案例、笑话、经典语录等
- 谋篇布局：演讲稿标题要形象、具有概括性，正文开场要别出心裁，主体内容要明确，结尾要能引人深思

演讲前的准备工作

## 3.3.2 掌握技巧，成就精彩

演讲是一门技术，成功的演讲可以让听众产生共鸣并产生深远的影响。使用同样的素材和演讲稿，不同的人进行演讲的效果可能大不相同，这是因为演讲具有技巧性。掌握以下一些演讲技巧，可以让演讲更加精彩。

（1）提高非语言沟通技巧。在演讲时恰当的面部表情和肢体动作能让演讲更加生动。如想要升华情绪时使用有力的手势，想要平静地讲述时使用自然的手势。演讲者想要提高这方面的技巧，可以观看自己演讲的录像，通过录像回放可以清楚地看到自己无意识的一些小动作或微表情，这样就知道需要在哪里改进了。

（2）注意材料的选择。在准备演讲材料时要考虑听众的特点，如果选取的材料内容与听众息息相关，如听众身边发生的真人真事，则更能吸引听众的注意。

（3）巧妙使用疑问句。演讲中的提问常常可以引起听众的注意，巧妙运用疑问句既能让演讲不那么平铺直叙，又能起到意想不到的效果。

（4）控制演讲时的语速和节奏。演讲时语速的快慢要适中，太快容易让听众跟不上节奏，太慢则容易让听众走神。演讲时，还要注意节奏，当讲到重点时，可以通过停顿、重音等吸引听众注意力，起到强调的作用。

演讲的多种互动方式

进行演讲时，演讲者与听众之间可以采取多种方式互动，如演讲者以游戏的方式与观众互动，听众根据自己的疑问进行提问等。互动式演讲能够更好地调动听众的积极性，及时得到听众的反馈，就像一对多对话一样，氛围更加轻松自然，听众人数少时与听众互动可以让听众感受到被重视。

### 情真理切

C先生要进行一场关于新产品介绍的演讲。演讲开始时，C先生并没有直接介绍新产品，而是拿出两张纸，并向听众提问："如果向两张纸的中间吹气，两张纸会离得更近还是更远呢？"听众立刻被他的问题吸引了注意力，开始讨论，有的说更近，有的说更远。这时C先生开始吹气，听众发现两张纸几乎贴到了一起，一些听众不解，这是为什么呢？此时C先生讲出了这个小实验的原理——伯努利原理，并对此展开分析，然后指出他们的新产品正是利用这一原理研制出来的。

C先生一上台就利用游戏互动的方式展开一个小实验，引起了听众的兴趣，吸引了听众的注意力。他的开场别出心裁，既让听众理解了产品原理，也让听众对产品充满了好奇，最后C先生成功地让所有听众记住了他们的产品。

## 3.4 会议沟通

### 3.4.1 了解会议，明确作用

会议是有组织地将一些人聚集在一起围绕一个议题进行讨论的沟通活动。会议是商务人士在工作沟通中必不可少的一项活动。根据具体性质的不同，会议可分为多种类型。

商务会议是澄清谣言、传递信息、进行交流沟通的有效方式，也是集思广益、解决问题的有效手段，同时，会议还是进行工作动员的有效方法，在企业管理中发挥着重要作用。例如，企业内部有重大消息发布时通常需要召开会议，当项目的解决方案无法确定需要讨论商定时也可召开会议。

- 行政型会议，如行政会、董事会
- 公关型会议，如新闻发布会
- 群体型会议，如职代会、团代会
- 社交型会议，如茶话会、联欢会

会议的多种类型

## 3.4.2 合理安排，高效召开

商务会议通常分为 3 个阶段：会前准备、会议过程和会后工作。

充分的会前准备是会议顺利召开的基础，大型会议在会前通常需要准备下图中几方面内容。

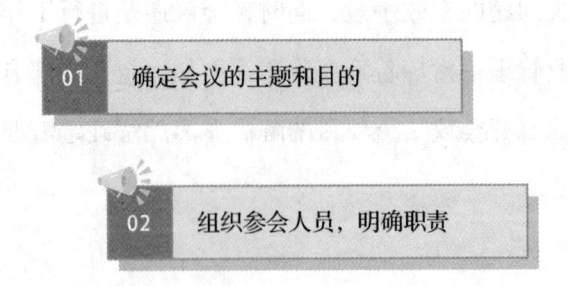

01 确定会议的主题和目的

02 组织参会人员，明确职责

- 03 发出会议通知
- 04 印制会议日程
- 05 准备会议文件，分发相关资料
- 06 会场布置
- 07 后勤服务工作

**会前准备工作**

为了顺利达成会议目的，高效利用会议时间，在会议进行过程中，主持人要注意控制会议的方向和节奏。通常情况下，会议可按照"宣布会议主题—提出议题、征求意见—与会者发表意见—总结"的步骤进行，在会议过程中，如果出现讨论的内容偏题等情况，需及时把议题引回会议正题上，以提高会议效率。

会议结束后，需根据议题将会议讨论内容和结果总结成会议记录发给相关人员，会议记录需包含会议时间、地点、与会人员、议题、会议决议等具体内容，会议决议要突出负责人、验收时间以及验收标准等，之后根据会议决议及时跟踪工作完成情况。

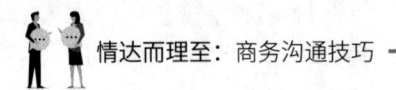

会议是群体沟通的主要方式，高效的会议能节省所有与会者的时间和精力，想要召开高效的会议需要注意以下几点：

（1）合适的时间。设置会议时间时需考虑所有与会者的时间，同时需预留出充分的准备时间。

（2）明确会议目的。会议目的如果不明确，容易导致讨论的话题越来越偏，影响会议效率。

（3）会议着重讨论复杂问题或需要多方沟通的问题。一些简单问题或细节问题不必过多讨论，否则不仅容易延长会议时间，也会让与会者感到疲劳。

（4）发言量要适中。与会者不发言或发言太少无法达到沟通的目的，与会者发言太多则容易导致讨论的内容偏离主题。

### 3.4.3　提升会议沟通技巧

会议通常包含主持人、会议工作人员和与会者。如果主持人和与会人员能掌握本角色的沟通技巧，则会议效率可得到大幅提升。

主持人在会议中起到控制会议进程、维持会议秩序并引导与会者参与讨论的作用，因此主持人掌握以下一些沟通技巧可以有效提高会议质量：

首先，思维敏捷，逻辑清晰。主持人要从大局着手，确保会议有效进行。

其次，鼓励与会者积极参与讨论，营造和谐的会议气氛。幽默的说话方式有助于调节会议气氛，在会议过程中，主持人要保持中立态度，维持会议秩序。

再次，控制会议进程和节奏，注意时间的把控。主持会议时不要因为个别人的迟到而影响大多数人，在控制会议进程和节奏时可以通过提问的方式进行，提问不仅可以引导与会者回归议题，还可以引导与会者进一步深度思考。

最后，善于总结。主持人要适时总结，这样能帮助与会者理清思路，也便于进行会议记录。

与会者参加会议时要提前做好准备并按时参加会议，在会上发言时要保持自信、有理有据，并能把握重点，其他人发表意见时应认真倾听，如果有反对意见要先肯定后否定，态度端正、平和。

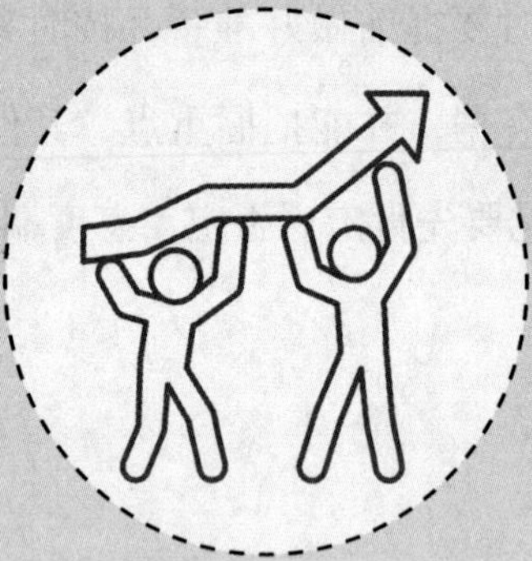

## 3.5 企业内部文书发布

### 3.5.1 不可忽视企业内部文书的写作

企业内部文书是指不对社会公开，流通于企业内部的应用文件，它往往起到传递信息或记录的作用。

企业内部文书包括多种类型，如企业内部的信函、邮件、公文、合同、通知、会议记录、策划文案等。

文书是一种书面沟通方式，相比于口头语言沟通，它的成本更高，反馈速度更慢，但是文书更正式、准确性更高，因此是商务活动中不可缺少的一种沟通方式。

在日常商务沟通中，即使是习惯了口头语言沟通的商务人士也不能忽视文书沟通，在一些场景中，使用文书沟通能明确责任，避免给企业造成损失，如确认订单详情等。

准确性高

正式、权威

便于保存

便于传播

文书沟通的优势

企业内部文书具有准确、正式、权威的特点，因此在写作时要做到以下几点：

（1）正确。保持文书的正确性是文书写作最基本的原则。正确性体现在以下几个方面：材料、案例、数据要真实；语言要恰当；观点要正确；逻辑要通顺。

（2）清晰。文书清晰既包括文书的页面设置（页边距、字体、字距等）要清晰易读，也包括文字的表达要力求清晰、无歧义，主旨明确。做到这一点需要在书写文书时尤其注意选用贴切的词汇和句型。

（3）完整。文书沟通的优势之一体现在书写者拥有更多的时间思考，因此可以将自己的观点表达得更完整。想要做到完整地表达观点，书写者要全方位、多角度思考、反复检查，做到不遗漏任何重要事项。

（4）简洁。在表达完整的基础上，文书还要做到简洁易读。

文书具有便于保存、复制和传阅的优点，因此企业或组织内部的重要信息通常都使用文书沟通的方式传递或传播。

文职岗位的工作人员掌握文书的写作技巧是必备技能，但即使是非文职岗位的商务人士，如技术人员或业务人员，掌握文书的写作技巧也能更好地表达自己的观点、展示自己的业绩，获得更多的晋升机会。那么，文书写作都有哪些技巧呢？

（1）罗列出所有想法。当不知从何处下笔时，将所有想法罗列出来是一个好的开始。案例、观点、成果、注意事项、建议、意见等都可先简单地罗列出来，然后再将这些材料进行整理、取舍，最后梳理出一条主线，形成大纲。

（2）称谓要恰当。不正确的称呼会显得有失礼貌，因此在文书中遇到称谓时要仔细斟酌，当不清楚对方的具体姓名时，可使用"先生"或"女士"等称谓。

（3）以共同点为切入点。书写文书时要考虑读者对象，站在读者的角度，与读者共情，以共同点为切入点，这样更容易获得读者的肯定。

（4）行文一气呵成，先写后改。在书写时尽量一气呵成，先完成文章的主体结构，至于一些细节问题，如某些措辞等待完稿后再细细斟酌，如果从一开始就纠结于细枝末节的东西，容易导致思路中断。

（5）不拘泥于写作的先后顺序。书写文书时，有时会因为材料短缺或其他原因导致一时思路中断，这时不必拘泥于文书的先后顺序，可以跨过这部分先完成后面的写作。

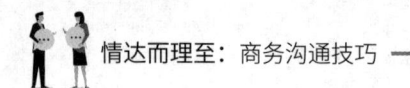

掌握企业内部文书的写作技巧，可以使文书更加准确和标准，所起到的沟通效果会更好。

### 3.5.2 重视企业内部文书的发布

◎ 检查文书内容

企业内部文书写作完成后，在发布前还需要再次检查，以免出现纰漏。在检查时要着重关注以下几点：

（1）检查文书完整性。此处要着重检查文书是否涵盖所有想要表达的内容。

（2）检查文书语言和结构。文书要做到语言流畅，措辞严谨，结构合理。

（3）检查文书细节。注意检查文书的篇幅、格式、称谓、标点符号等细节问题。

另外，在文书发布时要认真核对发布对象，以免造成信息泄露，给企业带来损失。

◎ 掌握发布时的沟通技巧

文书可以通过邮件、群消息或企业系统等方式发布，通常涉及业务的较正式的文书（如公文、合同、报告、文案等）通过邮件或企业系统等方式发布，这样日后查找起来会十分方便。使用邮件或企业系统发布文书时要注意以下几点（下面以邮件发布为例）：

（1）称呼要合理。在邮件的一开始要称呼收件人，以便对方明确知道此邮件是需要自己阅读或处理的。同时在称呼收件人时要做到礼貌合理，如果对方有职务，那么就应依照职务来尊称对方，如"王经理"，如果不知道对方是何职务，就可以称呼对方为"×先生/女士"。

（2）主题要明确。邮件要根据正文明确主题，方便日后根据主题跟踪沟通过程。

（3）正文语言要简明扼要，重点突出。邮件正文语言要简洁明了，如果有多项内容，可以分条阐述。对于重点内容可以使用标红、加粗等格式进行修饰。

（4）措辞要委婉。邮件内容要注意措辞，书写时应考虑对方感受，使用礼貌、委婉的措辞。

（5）发布前对文字进行检查，避免出现错别字。

（6）在邮件最后可以留下电话等联系方式，方便对方联系。

一些通知、活动类信息可通过群消息发布，使用群消息发布时应注意以下几点：

（1）注意发布对象。使用群消息发布文书时由于群内所有成员都能接收文件，因此需格外注意发布对象。

（2）通过群消息发布文书时也要附加介绍信息，介绍信息要简短、重点突出。

（3）当发布了错误消息时，可利用软件提供的功能及时撤回。

**小试牛刀**

某企业内部准备开启一个新项目,新项目需要A团队和B团队合作完成。A团队的经理和B团队的经理相互熟悉,二人通过电话商议了项目细节,并约定以8月4日为时间节点进行工作交付。

8月4日,A团队的经理向B团队的经理询问工作进展,B团队的经理却一脸疑惑:"当时定的是8月14日交付呀?"两个团队的经理各持己见,一人坚持认为当初定的日期是4日,另一人则坚持定的日期是14日。由于沟通的问题,导致A团队的整个工作计划都要重新调整。

A团队的经理总结了经验教训,在日后的工作中,即使是口头沟通过,他依然会再发一封邮件,将沟通的内容以邮件的方式发送给对方,这样口头沟通和文书沟通相结合,双方再没有产生过沟通误会。

如果你是经理,你会采取怎样的沟通方式呢?你的方式有什么优点和缺点呢?请将你的方法填在便笺中吧。

# 第 4 章

## 入情入理，水到渠成
### ——高效商务洽谈

商务洽谈是商务往来的双方为了达成合作或进行交易而进行的沟通，是一种较为灵活的商务协商方式。参与洽谈的双方应本着互相尊重、平等互惠的原则进行交流，共同促成洽谈的成功，以实现各自的沟通目的。

## 4.1 商务邀约、拜访与接待

商务邀约、拜访与接待都是商务洽谈的常用方式，在进行邀约、拜访或接待时，要遵守相关规定，知礼守礼，使自己的行为符合相关礼节要求，大方得体。

### 4.1.1 商务邀约

商务邀约就是在商务洽谈活动中，向对方发出的邀请。商务邀约一般有正式商务邀约与非正式商务邀约两种形式。正式商务邀约以书面邀约为主，非正式商务邀约以口头邀约为主。

邀请函是书面邀请中最为常见的形式，如商务晚会、活动、发布会等，大都使用邀请函来邀请他人。

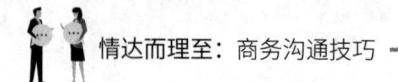

邀请函有单面和双面两种，商务邀请函一般为双面，由封面和封里构成，封面上写"邀请函"或"诚邀"等字样，封里写具体内容。商务邀请函的封面多为公司统一制作，有统一的模式，封里要写明活动名称、时间、地点、被邀请人以及公司或相关部门的联系方式等信息。商务邀请函的语言风格往往简单明了，不做过多修饰，让人在第一时间接收到有效信息。

从格式上来说，被邀请人的姓名或被邀请公司、部门的名称要顶格写，在姓名或名称后加冒号；正文要另起一行，写明具体事项；最后，写明邀请的公司或部门，以及日期。

> 尊敬的××女士/先生：
> 　　本公司/部门将于××年××月××日在……举办……活动。
> 　　特邀您参加！
>
> 　　　　　　　　　　　　　　　　　　　　　××公司/部门
> 　　　　　　　　　　　　　　　　　　　　　××年××月××日

邀请函的格式

相比于正式、庄重的书面邀约，口头邀约更显便利、亲切。口头邀约可以是当面邀约，也可以是电话邀约或是托人转述。口头邀约一般用于关系较好的朋友之间，或是在非正式的商务活动中进行的邀请。

如果想要对他人进行口头邀约，也要注意场合和时间，不能过于随意，在邀请对方时，要讲清楚时间、地点、具体活动，语言要清楚明确，让对方感受到自己的诚意。如果活动的举办时间和自己发出邀请的时间过于紧密，要给对方考虑的时间，不能强势要求对方答应自己，不然可能影响到双方公司后续的商务往来。

如果条件允许，可以在发出头口邀请之后，补上一份书面邀请函，这样更能凸显邀请方的诚意，也更加正式。

## 4.1.2　商务拜访

商务拜访是指亲自登门，到目标公司进行拜会、访问，加深对目标公司的了解，促进双方的合作。

在正式拜访之前，首先要和对方公司或有关人员进行沟通，约定拜访时间，不能突然到访，使对方措手不及。要提前和拜访对象确认时间、地点、主要活动、交流重点等内容，使双方都有所准备，用最好的状态进行交流沟通。

在约定好拜访时间、地点之后，就要开始准备拜访时所携带的礼物了。在商务活动中，主动拜访的一方通常要携带礼物上门，对方也要适当回礼，这也是商务交往中的礼节。礼物的选择不能过于贵重，也不能过于随意，要符合双方商务沟通的需求，通常情况下，双方会互赠各自公司的产品。

另外，在进行拜访前，拜访团队的衣着也要特别注意，不能穿得太过夸张或随意，最好是正式的西装，色系也要搭配得体，同行成员间的衣着反差不能过大，要体现团队精神，最好为同一色系，这样也能使整个团队看上去更加整齐、得体。

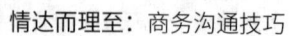

在拜访之前，团队成员也要做好工作分配，使每个成员都能明确自己的任务，互相配合，实现本次拜访的目的。团队成员可以提前准备好材料，做好行动规划，和对方进行沟通时直达目的，不浪费时间。

另外，团队成员在进行拜访时要注重礼节，遵守商务拜访相关的礼节规范。比如，要按时到达，见到对方后，和对方握手、问好，在对方的安排下进行拜访等。在准备离开之前，不要忘记感谢对方的招待。

### 4.1.3 商务接待

在商务洽谈中，不仅要学习如何拜访他人，也要学习如何接待他人。当其他公司派遣员工到本公司进行拜访时，管理者要选出适合的员工接待对方，和对方进行友好交流。

在对方正式到访前，我方要做好准备工作，要了解到访人员的基本情况，如来访者的数量、姓名、职位等，之后可以根据得到的信息安排见面地点和接待人员。接待人员要选择和来访人员身份、职位相匹配的员工，这样可以保证双方的交流更加顺畅。

如果是远道而来的客人，还要考虑客人的食宿问题。相关负责人要提前和来访人员进行沟通，为来访者安排好住宿酒店、搭载车辆等，让来访者感受到我方的热情和诚意。

当来访者到达后，负责人要安排员工到门口迎接客人，并将客人带到双方团队的见面地点。在这一过程中，接待人员可以向来访者简单介绍本次活动的具体安排，让来访者有所准备。

在送别来访者时，团队成员要一一与来访者告别，并派代表将其送至公司门口，如果有必要的话，要陪同客人至机场或车站，目送客人离开。

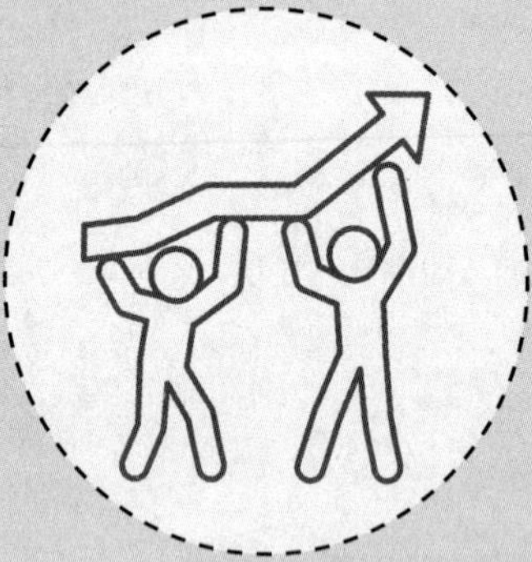

## 4.2 销售沟通，了解语言的引导力

良好的沟通能力是销售人员必须具备的专业素养，想要做好销售，就要学会运用语言引导顾客，从而顺利完成自己的销售任务。

### 4.2.1 循序渐进地引导

销售的目标是卖出商品，为了实现这一目标，销售人员需要不断努力，引导顾客购买商品。然而，在这一过程中，如果销售人员过于心急，一味推销产品，反而会让顾客心生反感，放弃购买商品。因此，销售人员要学会循序渐进地引导顾客，让顾客心满意足地完成商品购买，从而实现销售目标。

刚开始接触顾客的时候，销售人员不必急于推销产品，这样会让销售过程过于生硬，自己也很难获得顾客的信赖。可以先从"题外话"开始讲起，比如和顾客聊一聊最近卖得不错的产品、近期的销售风向等，让顾客先对产品产生兴趣，再进一步介绍相关产品，在不知不觉间完成产品的推荐。

在和顾客的聊天过程中，从顾客表达出的选择倾向中选取适合的产品，做有针对性的推荐。不要一味强调产品的性能或价格，而要根据顾客的需求介绍产品的功能，让顾客觉得该产品是值得购买的。这样既能满足顾客的购买欲望，也能卖出产品。

### 4.2.2　学会夸赞顾客

如果在最开始不知道和顾客聊什么话题，可以对顾客进行简单的夸赞，如"您真有气质""您的发型是在哪做的？特别适合您的脸型"，这样可以在接触之初就给顾客留下一个好印象，方便之后的产品推荐。

真诚的夸赞可以让人心生欢喜，所以对于销售人员来说，学会夸赞顾客是其销售路上的必修课。但在夸赞他人时也要注意方式方法，不能盲目夸赞，更不能过分夸张地夸赞，不然就会弄巧成拙，让顾客觉得你只是在敷衍了事。

首先，夸赞顾客要讲求技巧，不能随意夸赞。一些流于形式的赞美，如帅、美等，不仅没有新意，也会让顾客感到厌烦。想要夸赞顾客，首先要细心观察，如顾客的穿衣风格、饰品的搭配、言谈举止等，根据其特点进行夸赞，往往更显真诚。

如何夸赞客户

- 找寻优点
- 体现真实性
- 注意细节
- 适度夸赞
- 别出心裁

其次，要注意分寸。在见面时对顾客进行夸赞可以使其心生好感，但如果一直不停夸赞就会显得有些虚假，因此夸赞也要有分寸。销售人员可以在顾客发表某些言论或试用产品之后对其进行夸赞，不仅会让顾客开心，也能够让其喜欢上你所推荐的产品。

总之，想要夸赞顾客也要有技巧、有方法，要让顾客感受到你的诚心，这样才算是有效夸赞。

## 4.2.3 表现专业性

在销售过程中，销售人员不仅要会聊天，更要足够专业，言之有物才能吸引并说服顾客，获取其信任，最终将商品卖出。

销售人员的专业性往往取决于其日常的努力和用心程度。销售人员要熟悉所有产品的分类、性能、优势等，这样在为顾客介绍产品时就会显得更加专业，也更容易让人信服。

但也要注意介绍内容不能过于生涩难懂，要用顾客能听懂的表达方式将产品的功能表达清楚。在介绍产品时，要结合顾客的关注点主次分明地进行讲解，避免将产品的功能全部罗列出来，那样会使讲话内容无聊而空洞。可以列举一些数据，这样会使讲话内容更有说服力，但要注意数字出现次数不要过多。

同时，在讲话时要注意和顾客进行互动，要和顾客有眼神交流。在介绍过程中可以询问顾客的意见，也可以让顾客试用产品，总之要让顾客参与到产品介绍过程中来，这样可以使其清晰地感受到产品的优点，也就会更有购买欲望。

专业的沟通更高效

### 情真理切

小李是一家品牌门店的销售人员，一位年轻女性来店内购物，小李将其请进店内，并用一次性水杯为其倒水。

小李并没有直接询问这位顾客想要买什么东西，而是夸赞了顾客的衣着风格，说其穿搭看起来时尚又不失个性，很符合当下的审美风向。这位顾客果然很开心，告诉小李这是她自己搭配的，并表示这是她喜欢的穿衣风格。

小李根据顾客的穿搭偏好，向其推荐了几款衣服，并说明这些都是近期的热门款式。顾客在试穿后，小李夸赞其看起来特别有气质，并为其讲解了衣服的面料、设计理念等，顾客也觉得这些衣服很适合自己，随即决定将其买下。

小李在销售过程中，没有过分表现出自己的推销欲，而是引导顾客说出自己的喜好，之后再根据顾客的喜好做相应的产品推荐。这样，顾客会认为小李是一名出色的销售人员，对其心生好感，如果下次有需要，或许还会找小李来购买相关产品，小李也就为自己积攒了回头客。

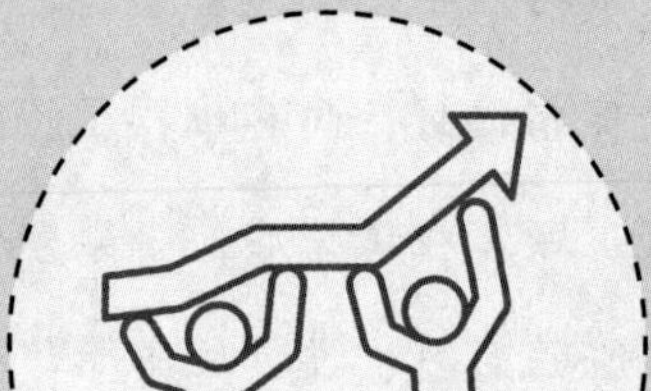

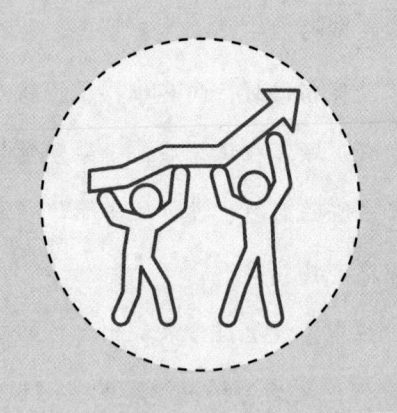

## 4.3 客户跟进，说客户所想

客户是公司发展的基础，一个公司想要有长远的发展就要培养长期客户。这需要相关人员长期、持续地与客户进行沟通，使其对公司产品有长期使用的欲望。

### 4.3.1 了解客户需求

想要培养长期客户，就要树立以客户为中心的思维，想客户之所想，了解客户需求。

了解客户需求需要主动询问。要不时与客户进行沟通，了解其使用体验，询问其满意程度。如果对方反馈良好，说明产品可以使客户满意，值得推广。如果客户反馈较差，要仔细询问产品的缺点和不足，如果是产品本身的问题，就要将其反馈给相关部门。那么在接下来的生产过程中，或许就可以解决这些问题。

在问询过程中要注意语言表达方式，不能过于生硬，可以先和客户进行寒暄，再进行询问。在提问时要尊重对方，使用敬称，语气要谦虚。如果客户表示产品使用体验很差也不能生气，更不能质疑或责怪客户。在这种情况下，首先要向客户道歉，表明公司的诚意，之后要进一步向客户询问其不满意的地方具体在哪里，根据客户的回答帮助其解决问题，如果是产品研发或生产中的问题，则要诚恳地表示产品生产后续会改进该问题。

总之，在与客户的交流过程中，要了解客户对产品的态度及其改进意见，向其说明相关产品日后的发展方向，想办法留住客户。

了解客户需求

## 4.3.2 持续跟进

在客户跟进过程中，要不断与客户进行沟通和交流，使其感受到公司对其的重视。

除了询问客户使用体验之外，当公司出新产品时，也要及时向客户推荐，这样就能和客户建立长久联系了，可以使用电话、短信等多种渠道，使客户知道公司推出了新产品，如果客户对新产品感兴趣，会主动联系负责人员。

在联系客户时，要注意沟通的语气和方式。如果是新客户，可以直接一点，为其介绍新产品的功能和特点。如果是老客户，要首先询问其对其他产品的使用体验和意见，之后再推荐新产品。在产品介绍时也要重点介绍客户在意的内容，将产品的改善和提升讲解到位，使其感受到产品研发和生产的进步，这样才能使其对公司发展有信心，从而愿意长期使用本公司的产品。

## 4.3.3 换位思考

要想挖掘更多的潜在客户并与其建立长久的合作关系，就要了解客户的利益需求，这就需要相关负责人站在客户的角度思考问题，深度了解客户的所需所想。

相关负责人要站在客户的角度思考问题，切身体会客户想要的产品都需要具备哪些功能。在了解这些之后，要与客户进行沟通，判断客户的需求是否与自己的想法一致，如果是，就要重视客户的使用反馈，将相似的反馈整理在一起，得出一个统一的答案，这就是产品改革的具体方向。

根据客户的需求改造产品，产品就能满足客户需求，客户对产品的满意度就会提升，同时也愿意将该产品推荐给其他朋友，这样产品的潜在客户群就扩大了。

换位思考，想客户之所想，才能使产品满足客户需求，成为广受欢迎的产品。

**小试牛刀**

小张是一家手机生产公司的销售员，近日，该公司推出了一个新的系列，该系列手机更新了处理器，使用全新的系统，机身更加轻盈，手机颜色也更为绚丽，但手机价格相较之前的系列更贵一点。

公司领导希望小张可以与公司的长期客户取得联系，向其推荐新款产品。同时，小张还需要收集这些客户对原有手机的使用体验，并将其做成用户使用反馈表。

如果你是小张,你会如何与客户进行沟通呢?将你的沟通方式写在下面的便笺中吧。

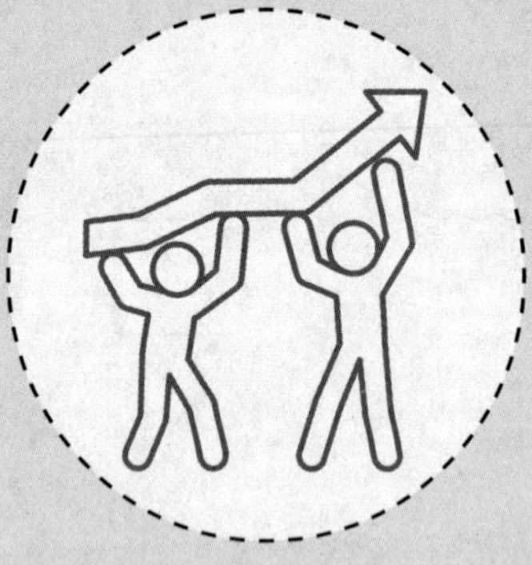

## 4.4　招商会与展会口头表达

招商会和展会是公司展示其主要发展项目或产品的活动，也是公司商务洽谈的重要环节。

在招商会和展会上，通常由公司派出专业人员对项目或产品进行解说，向外界展示公司的发展成果。因此，讲解人的口头表达能力至关重要。

### 4.4.1　招商会

招商会是公司招商引资的一种方式，公司通过招商会向外界展示、宣传自己的招商项目，吸引投资。

招商会通常需要长时间的准备，如要提前准备招商会当天展示的

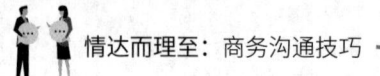

产品或项目；发放邀请函，邀请各个投资方；布置会场，检查音响、麦克风等设备；在会议开始后，由公司的销售或宣传部门负责人进行宣讲，介绍公司的主要项目或产品，吸引投资方，所以也需要提前做准备。

招商会的主讲人想要有优秀的表现，需要提前了解招商会的流程，对各个时段的活动了如指掌，这样才能从容应对。同时，主讲人还要负责推进整个招商会的流程，让需要展示的不同项目或产品都能够被投资商注意到。

主讲人要提前熟悉招商会当天展示的项目或产品，明确其各自的特点、优势，以及不同项目或产品之间的区别。这样在投资商提问时才可以应答如流，并且要向投资商讲明投资的益处，引导其最终做出投资的决定。

主讲人在招商会上要特别注意个人礼仪，因为主讲人代表了整个公司的形象。在和投资商对话时要注意用词，不能过于口语化，尽量不要出现一些与正式场合不符的俗语或网络用语。同时，主讲人不要过于紧张，避免让整个招商会过于严肃。

在介绍项目或产品时，要做到吐字清晰、举止得体，落落大方地完成招商会的讲解环节。最后，要向到场的各个公司负责人致谢，并表达本公司乐于合作的意向。

## 4.4.2 展会

相较于招商会，展会更加轻松活泼一些，展会是为了展示、宣传公司的主要产品，同时也展示了公司的研发、生产能力，让外界对本公司近期的发展有一定的了解，也能够吸引有意向的合作方。

在商务展会中，更侧重于对产品的介绍。负责人要熟悉展出的产品，在介绍产品时要尽量站在对方的角度，为其介绍感兴趣的内容，让其对产品产生购买欲望。

同时，负责人要注意实事求是，不能为了宣传产品过分夸大产品功能。如果有人将其买回家后发现名不副实，不但会认为销售人员欺骗了他，还会认为企业缺乏诚信，这样便不利于企业之后的发展。

负责人要多角度展示产品，让参观者全方位了解产品性能，同时注意突出本公司产品的特别之处，讲明产品和市场上同类竞品的差别以及购买这一产品的好处，以赢得合作方的青睐。

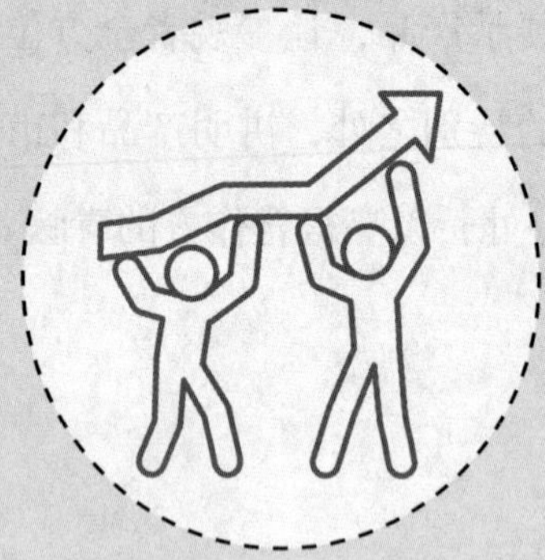

## 4.5 庆典发言，会说话才能赢得满堂彩

参加商业庆典是商务交往中的常见活动，无论是本公司的庆典还是其他公司的庆典，如果被邀请发言，都要提前做好准备才能有备无患，顺利完成发言。

### 4.5.1 准备发言稿

当被通知要在庆典上发言时，首先要准备好发言稿，这样无论在发言时脱稿与否，都可以保证自己的发言符合庆典要求。如果不做任何准备就上场，很难保证自己能够顺畅、得体地完成发言，如果讲到一半失去思路，就会使自己陷入窘境，更会成为整个庆典的瑕疵。因此，即便你口才再好，思维再敏捷，也要提前准备好发言稿。

发言稿的长短要根据庆典的具体时间安排而定。如果庆典时间较短，每个人的发言时间都有所限制，自己就要严格把控发言稿长度，不能过长，否则时间到了自己还没有讲完，就会耽误大家的时间，让在场的来宾心生不快。最好提前问清楚具体的发言时间，在正式发言之前先练习几遍，把握好发言时间，不让自己超时。

发言稿的具体内容要根据庆典的具体形式而定，要符合庆典的场合，体现庆典特色。发言稿内容要积极向上，能够鼓舞人心，紧扣庆典主题，同时也要独具特色，体现自身的语言风格，如果千篇一律，必然会使人觉得枯燥乏味。

发言稿语言风格可以幽默一些，一些无伤大雅的幽默和调侃更能调动全场的氛围，使大家将注意力放在自己身上，让大家在轻松和谐的气氛中听完发言。

庆典发言注意事项

在发言稿的结尾可以总结之前的经验教训，可以展望未来，也可以为公司未来的发展送上祝福，总之要与本次庆典的主题相符。最后，不要忘记感谢在场来宾的认真倾听。

## 4.5.2　发言有技巧

优秀的语言表达能力能够为发言加分，想要讲话出彩，就要注重语言表达能力的培养，练就一副好口才，在讲话时自然会吸引全场的注意力。

在发言时，可以引经据典，让大家感同身受；可以使用一些修辞手法，让整个讲话更加生动具体；也可以注重逻辑、步步为营，让自己的言论更加缜密，凸显自己的细心与强大的逻辑能力。

庆典的现场气氛要更为热烈，因此在发言过程中不能一味追求辞藻的华丽，而应注意现场的气氛，即在发言时应尽量使用通俗易懂的语言，使现场来宾在第一时间接收到自己要表达的意思。如果语言过于华丽或抒情过重，就会失去发言的真实性，让人觉得过于浮夸，失去听的兴趣。

同时，在发言时，仪态要端正，不能东倒西歪，更不能嬉笑打闹，让来宾觉得自己不懂礼仪。要注意自己的站姿和坐姿，无论是站着还是坐着，都要挺胸直腰，让现场来宾感受到自己对庆典的重视。

此外，在发言过程中，要注重语言的停顿与情感的传达。不能一味念稿子，而要声情并茂、抑扬顿挫，让大家感受到自己的情感。通

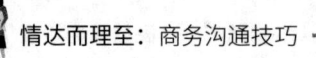

过适当的停顿和语调的变化将情感传达出去，让整个发言显得更加真挚。

### 4.5.3　发言时适当互动

在发言的过程中，不能一直盯着自己的发言稿，这样会让人觉得枯燥乏味，要适当地和在场来宾互动，让大家感受到自己的存在，吸引大家的注意力。

在发言过程中，可以设置问答的模式与来宾互动，可以集体提问也可以选择单人提问，要想办法让现场来宾通过回答问题参与到自己的发言过程中来。

如果担心直接的语言问答会冷场，也可以选择眼神互动。在发言过程中时不时看向现场的来宾，与其进行眼神交流，使其跟着自己的思维进行思考。眼神交流是现场互动中最为简单的方式，也是必不可少的互动方式，无论有没有语言上的交流，发言者都要和来宾进行眼神互动，这样才能让自己的发言更加灵活。

在发言过程中，要随时注意现场的情况，在互动中让大家集中注意力认真倾听自己的发言，这样才能实现这段发言真正的价值。

## 沟通锦囊

### 如何提高语言表达能力

公开发言或演说是商务洽谈活动中不可避免的环节,想要在沟通中占据优势,就要想办法提高语言表达能力。

重视知识积累。纵观古今,无论是游说六国的苏秦还是舌战群儒的孔明,都能够轻松地引经据典、旁征博引,可见其知识储备量之大。想要口才出众,首先要有知识积累。

加强日常练习。在公开场合发言要求发言者举止得体、节奏适中,如果平时不多加练习,上台前难免会有紧张、畏难情绪,还可能影响到发言时的表现。

掌握好分寸。公开场合发言要照顾到台下的听众,不能因为自己的发言使台下来宾难堪,所讲的内容不能过于尖锐,更不能刻意引发矛盾。

## 4.6 倾听，无声胜有声

在商务洽谈过程中，懂得倾听和会讲话同样重要。只有听懂了对方说什么，才能更好地回答对方的问题。因此，要做好的发言人，首先要学会倾听。

### 4.6.1 不可忽视倾听的重要性

◎ 倾听是尊重他人的表现

在商务洽谈中，只会说而不会听的人是不可能成功的。洽谈是交流双方的思想互动，你来我往才是常态，如果一方只顾输出，一味陈述自己的观点而不管对方说了什么，那这样的沟通就是单方面的观点

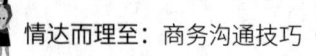

输出，是不会成功的。

认真倾听他人的意见可以让对方感觉到我方的尊重，对待我方成员的态度也会更好。尊重是相互的，当我方成员尊重对方成员，认真倾听其讲话内容时，对方成员也会给予我方应有的尊重，在我方成员讲话时认真倾听。

反之，如果我方成员只顾自己，不认真倾听对方成员的讲话，那么在我方成员讲话时，对方也可能不认真倾听。双方都不认真倾听，就不可能真正明白对方的意图、需求，那么这次洽谈就是无效的。这不仅浪费了大家的时间，还会破坏两方公司的合作交流。

由此可见，在他人讲话时认真倾听，不仅是对讲话之人的尊重，也会使自己获得应有的尊重，有利于双方洽谈的顺利推进。

◎ 倾听是获得信息的重要渠道

在洽谈过程中，认真听取他人的讲话就可以从讲话内容中获得有效信息，促成双方的合作。

首先，可以明确对方的需求。在对方的讲话中，必然会谈到其具体需求是什么，我方只有认真倾听，才能获得有效信息。之后，我方团队可以根据对方提出的需求制订方案，进一步讨论我方是否能够满足对方的需求。如果不能，就要拿出其他的解决方案，与对方做进一步的沟通。

其次，可以知道对方的意图。对方与我方进行商务洽谈，是有一定目的的，究竟是为了双方的合作还是另有打算，在讲话中也会透露一二。我方只要认真倾听，就可以大体猜测对方的意图。如果对方的意图与我方相符，且不会使我方利益受损，就可以促成双方的合作。如果对方的意图会损伤我方利益，就必须终止合作，这样可以尽量将损害降到最小。

最后，可以获悉对方的顾虑。如果对方想要与我方进行合作，又有所顾虑，也会在交流过程中指出。我方成员只需要认真倾听，自然就能知道对方的顾虑是什么，从而解决问题。

明确对方的需求

知道对方的意图

获悉对方的顾虑

倾听可获取的信息

## 4.6.2 倾听有技巧

倾听并非仅仅"接收信号"这么简单，不会倾听的人，可能会"接收错误的信号"，进而导致商务洽谈的失败。因此，我们要在深刻理解倾听重要性的基础上学会正确倾听，具体应注意以下几个方面：

◎ 倾听要专心

倾听，不仅限于听，更要听懂沟通对象所输出的每一个声音信息。在商务沟通中，专心倾听是一种基本的商务礼仪，同时也是沟通主体能力的体现，如果不能在商务洽谈中专心倾听对方的话，那么就无法获得有效信息，更无法结合沟通信息正确处理接下来的工作。

有效倾听促进有效沟通

◎ 有选择性地倾听

商务洽谈中的信息是庞杂的，一次大型的商务洽谈中，当事人会在短时间内接触到大量的商务信息，将所有的商务信息一字不漏地理解并记住显然是不可能的。这时就要学会在倾听的过程中做筛选，对于对方团队中的不同成员陈述的次要信息可以提纲挈领地听主要内容；对于对方团队给出的干扰信息可以果断摒弃，避免受其误导而做出错误的判断或决策。

◎ 听出弦外之音

商务洽谈不同于日常社交沟通，有很多隐藏信息不易被发掘或者是表达者想要特意隐藏的，这就需要倾听者学会听出弦外之音，这些弦外之音包括表达者的明示、暗示，也包括表达者的语调、停顿、重音、语气等，据此可以判断表达者的内在想法。

◎ 根据倾听得体回应

倾听时的得体回应能让对方感受到你的专注与真诚，这里的回应并非单指语言回应，一个肯定的眼神、认同的点头、赞许的微笑等，都是非常好的回应。

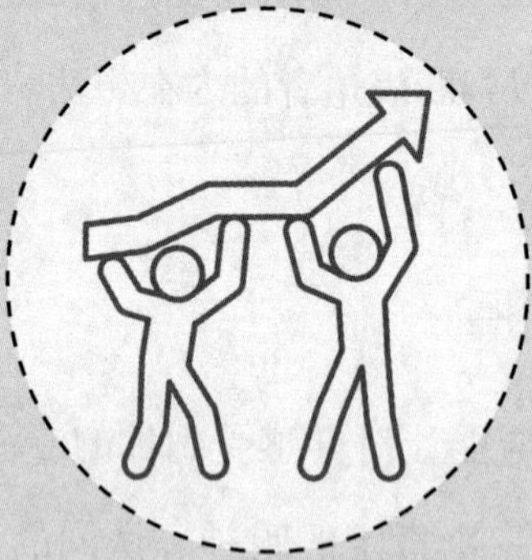

# 第 5 章

## 商务沟通的精妙对决
## ——谈判

所谓谈判，就是相关人员为了各自的需求就某一事项进行协商沟通从而达成一致意见的过程。其中，商务谈判作为商务活动中重要的组成部分，是谈判双方相互博弈、化解竞争矛盾的重要手段。要想取得谈判成功，就要懂得沟通技巧，会用心理战术，并且掌握谈判策略。

## 5.1 知己知彼,有备无患

商场如战场,而谈判就是"交战双方"相互较量的过程。想要在谈判中占得先机,把控局势,就必须在谈判之前掌握对方的详细信息并认清自己的实力,从而制订周密完善的谈判计划。俗话说,"知己知彼,百战不殆",就是这个道理。

### 5.1.1 知彼,方能制胜

在谈判之前,了解对方的信息至关重要。只有充分掌握对方的详细资料,才能对谈判的基本形势与可能发生的状况做出预判,从而及时想出应对方案,避免在谈判过程中陷入被动。知彼,就要知道对方以下几个方面的信息:

需要了解的信息

首先，了解对方所处的环境。如果是与国内的合作商进行谈判，我们需要了解合作商所在行业的基本情况、所在行业的相关国家政策以及行业发展的大环境。如果是与国外合作商进行谈判，除了了解上述提及的与行业相关的信息之外，还需要了解合作商所在国家的时局政策、法律法规、经济发展情况以及该国的文化背景、礼仪文明、习俗禁忌以及交流习惯等。

其次，了解对方的基本信息。需要了解的基本信息包括：谈判对象的行业地位、经营状况、市场占有率、行业口碑、财务状况、产品生产能力、信誉等。只有充分地了解了这些信息，我们才能在谈判中有的放矢，"对症下药"。

最后，了解谈判人员的基本信息。谈判人员是在谈判桌上与我们博弈的主要"战斗人员"，直接关乎谈判的进度与谈判结果，因此，我们需要在谈判之前充分了解谈判人员的职位、决策权、脾气秉性、兴趣爱好、谈判风格等。

> **情真理切**
>
> Z先生是一家智能手机生产公司的高级经理，该公司想向国外某芯片制作公司订购一批芯片，Z先生受命代表公司与该国外公司进行谈判。为了以最低价格成交，Z先生在谈判之前做了大量的准备工作，他花费大量精力调查了同类型芯片在国际市场的价格以及市场销售状况，并充分了解了该芯片公司的发展历程、市场占有率、经营状况、过往的成交情况等。
>
> 谈判桌上，该芯片公司的谈判代表提出的购买价格远远高出预期价格。面对对方的狮子大张口，Z先生不慌不忙，列举国际上同类型芯片的成交价格，以及该公司与其他手机制造商合作成交的价格，有理有据，不卑不亢，听得对方目瞪口呆，哑口无言。最终，Z先生以较低且合理的价格签订了这笔订单，为公司争取到了最大化的利益，最大程度上为公司节约了成本。

## 5.1.2 知己，胸有成竹

在商务谈判中，"知己"与"知彼"同样重要。就企业而言，认清自己的行业定位与企业实力至关重要，高估自我实力会在谈判过程中轻视对手，无法做出正确的判断，从而导致谈判失败；低估自我实力会在谈判过程中露怯退缩，容易失去先机，无法争取到自己应得的利益。

在谈判之前，谈判人员应该正确认识本企业的公司实力、市场地位、经营状况、财务状况、产品性能、公司优势与劣势等，同时也要对自己的职位、决策权力、谈判实力与沟通能力做出正确的判断。

"知己"与"知彼"应是紧密相关、环环相扣的。只有充分地了解对手并正确地认识自己，才能在谈判过程中进行正确的自我定位，才能针对对方提出的种种条件做出正确的判断并采取恰当的策略，从而在最大程度上促进谈判成功并争取己方的最大利益。

## 5.2 欲得之，必先予之

《道德经》中记载："将欲夺之，必固予之。"意思是，如果想要得到些什么东西，必须要先给出些什么。这个道理，同样适用于商务谈判中。在谈判过程中，如果双方都绝对坚持自己的意见而不肯让步，那么谈判可能就会以失败而告终。因此，有时候在保证己方利益的前提下，做出小小的让步，也许会取得意想不到的效果。

### 5.2.1 互惠互利，适当让步

谈判不是竞争或比赛，不用非要争个"你死我活"或者高低输赢，一味地追求胜利就可能会使谈判破裂，最终"两败俱伤"。谈判的最终目的，是双方都能得到相应的利益，达成"双赢"。正所谓，只有双方都是胜者的谈判才是成功的谈判。因此，互惠互利是双方谈判的首要目标。

一名优秀的谈判者，应该可以审时度势，在自己的权限范围内，以互惠互利为原则，为公司争取最大的利益。在这种情况下，我们可以在不损害自身利益的基础上适当地做出让步，比如适当降低价格，适当给予折扣或优惠政策，适当降低要求或服务条件等。如此一来，既能促进谈判顺利进行，又能取得令双方都满意的谈判结果。

适当让步可以促进谈判取得圆满成功

## 5.2.2　予远利，取近惠

"予远利，取近惠"，指的是在谈判中可以适当给对方提出一些未来可以提供或者未来谈判中能够惠及对方的利益，以换取此次谈判中对方的妥协或者额外的优惠。如此一来，既保证了此次谈判中己方的利益，也能有效地促进双方在未来的再次合作，一举两得。

## 5.2.3　以小取大，相互让步

在谈判过程中，我们可以在衡量综合利益之后，在一两个无伤大雅的小问题上率先做出让步，让对方充分看到我们的合作诚意。在后续的谈判中，我们就以此来要求对方在相对重要的问题上做出让步，从而为己方争取更多的利益。

> **小试牛刀**
>
> L女士是一家知名化妆品公司的品牌宣传总监，最近公司研发的新产品准备上市，需要拍摄一支宣传广告。于是，她代表公司与一家经常合作的广告公司进行谈判，希望能以最低的价格促成这次合作。L女士提出的需求是拍摄制作一条3—5分钟的宣传视频，要求视频有情节、有情怀、能打动人，并提出可以给出8万元制作费用。然

而，广告公司的负责人则表示制作这条广告至少需要12万元，这已经大大超出了公司可承受的成本范围，公司批复的预算最多为10万元。

眼看谈判陷入了僵局，L女士思考片刻，说道："我们非常认可贵公司在广告宣传领域的地位以及贵公司策划团队的业务水平，也真诚地希望能够促成此次合作，让我们双方互利共赢。您看这样是否可以，我们可以给到10万元广告费用，这是在我的权限范围内能够给出的最大限度。此外，我们还可以为参与制作广告的所有工作人员都提供一套同款的化妆品以及我们的爆款护肤品。在这个基础上，贵公司能否赠送我们一条1分钟之内的短视频呢？这样我们就能更加多元化地来推广我们的新产品了。"

你知道L女士为什么要做出让步吗？L女士做出的决定属于以上哪种让步策略呢？将你的答案写在下方的便笺中吧！

## 5.3　看不见的心理博弈

商务谈判不仅考验双方的沟通表达能力和谈判技巧，还考验双方谈判人员的心理素质与心理承受能力。在谈判过程中，如果其中一方无法承受心理压力，甚至将紧张不安、瞻前顾后的情绪流露于表面，那就会让对方"有机可乘"。如此一来，高下立判，谈判结果可想而知。因此，想要在这场看不见的心理博弈中胜出，就要培养良好的心理素质与抗压能力。

### 5.3.1　意志力是关键

谈判是一个复杂、困难、受众多因素影响的过程，在这一过程中，谈判人员随时可能面临不可预估的精神压力。没有哪一场谈判的气氛

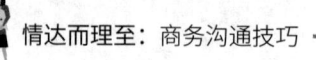

是轻松愉悦的，坐在谈判桌前，双方人员都力求为自己的企业争取更多的利益，这不仅考验谈判人员的业务能力与谈判技巧，也是一场意志力与耐力的比拼较量。

一些大型的商务谈判，可能要进行两三次甚至多次，每一次谈判可能都要进行几个小时，每一次谈判双方都要为己方的利益据理力争，丝毫不能松懈。在这种情况下，如果谈判人员无法以坚定的意志力和恒心坚守自己的阵地，那么就会失去先机，无法取得谈判的圆满成功。

## 5.3.2 控制得住情绪是基本素养

谈判过程中，双方为了争取更多的利益，难免会形成剑拔弩张、僵持不下的局面，此时，如果谈判人员不能很好地控制情绪，比如过于激动或恼怒，不仅会失去企业与自己的气度，还会破坏谈判氛围，最终可能造成谈判的破裂，得不偿失。

懂得并善于控制情绪，是一个谈判人员所需要具备的最基本的素养。在谈判得利时，不喜形于色，沾沾自喜；在谈判失利时，不唉声叹气，怨天尤人；在得不到尊重或被粗鲁对待时，不大发雷霆，怒发冲冠。在谈判的强大压力下依然保持君子之风并泰然处之，这才是一个谈判人员应有的能力与素质。

### 5.3.3　能抗压是取胜秘诀

谈判人员在谈判中面对的压力是多方面的，有来自己方的压力，也有来自对方的压力等。这些压力犹如一块大石头，压在谈判人员的肩膀上。如果不能坚定地抗住压力，谈判人员必然会在谈判过程中情绪失控，从而导致谈判失败或者损失己方利益。因此，坚定的抗压能力是谈判人员的取胜秘诀，能够帮助我们在谈判中从容不迫，据理力争。

**沟通锦囊**

**如何预防与应对谈判过程中的心理挫折**

在谈判中遇到心理挫折是很正常的一件事，关键在于我们该如何预防与应对这些心理挫折。

就预防心理挫折而言，一方面，我们应该加强自己的心理素质建设，提高自身的谈判技能；另一方面，在谈判之前我们应该充分地了解谈判对手的详细资料与信息，预判可能出现的问题，提前想好解决方案。

就应对心理挫折而言，一方面我们需要积极摆脱使我们遭受挫折的情景，比如切换话题；另一方面，我们要及时调整受挫情绪，可以先暂停谈判，让自己冷静一会儿。

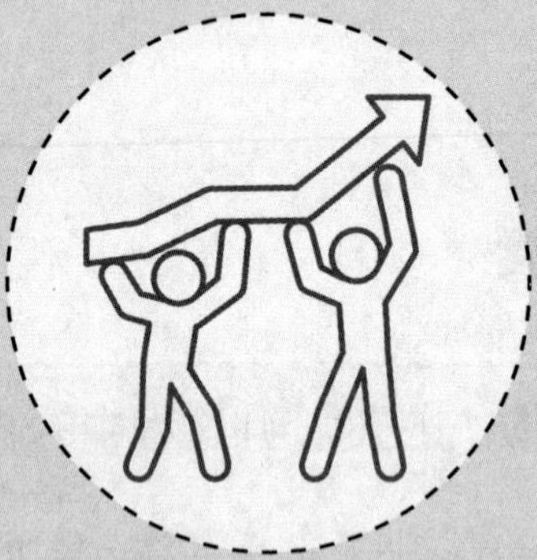

## 5.4 张弛有度，有理有节

谈判时，切忌咄咄逼人、步步紧逼。良好、健康的谈判关系应当是你来我往、松弛有度、双方平等的关系。无论提问、回答还是劝服对方时，都应做到有理、有力、有节，要灵活使用策略，不能随心所欲。

### 5.4.1 提问须恰当

在谈判中询问对方敏感问题是一种非常不恰当的做法，所提出的问题要能够被对方接受从而轻松给出答案。试想一下，如果朋友送给你一份礼物，但是你抑制不住好奇心想知道这份礼物的价格，如果你直截了当地问朋友："这份礼物多少钱？"一定会让朋友心里很不舒服。如果你委婉一点，这样说："我真的很喜欢这份礼物，

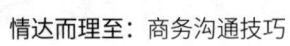

肯定很贵吧？"这样一来，是不是就自然多了。谈判中亦是如此，恰当且有针对性的提问既不会造成对方心理上的不舒服，又能推进谈判进度。

### 5.4.2　劝服看时机

在谈判过程中，劝服对方也要把握时机。谈判人员在劝服对方时要抱着端正的态度选择恰当的时机进行劝服。如果过早地劝服对方，时机不到，会被对方认为无中生有；如果劝服对方太晚，则万事皆休，大局已定，即使有再好的观点也已经为时晚矣，起不到劝服的作用了。

比如，谈判中我们要说服对方降低或提高价格，最好的时机是在讨价还价阶段，如果刚谈到价格我们就急于劝服对方降低或提高价格，容易造成对方的反感甚至逆反心理，最后谈判多半不成功；如果双方已经讨论完价格进行到下一事项的谈判时，我们突然觉得价格不合适，再来劝服对方降低或提高价格，这时对方也多半不会考虑我们的提议了，因为我们已经错过了劝服对方的最好时机。

### 5.4.3　讨价还价有技巧

谈判中，双方商议产品或服务的定价的过程就是讨价还价。谈判中的讨价还价很像我们平时买东西时跟卖家讲价的过程。让对方妥并降低价格就是讨价还价的实质性目的。

在讨价还价的过程中，谈判人员还应张弛有度，适可而止，不可过分地讨价还价。虽然谈判双方都希望使己方的利益最大化，但是过分地讨价还价容易造成双方的反感与抵触心理，进而使谈判陷入僵局。此外，操之过急也是不可取的，所谓"欲速则不达"正是这个道理。谈判的过程不是一蹴而就的，应当缓慢图之，用双方都能接受且容易接受的方式来讨价还价，才能使谈判取得互利共赢的结果。

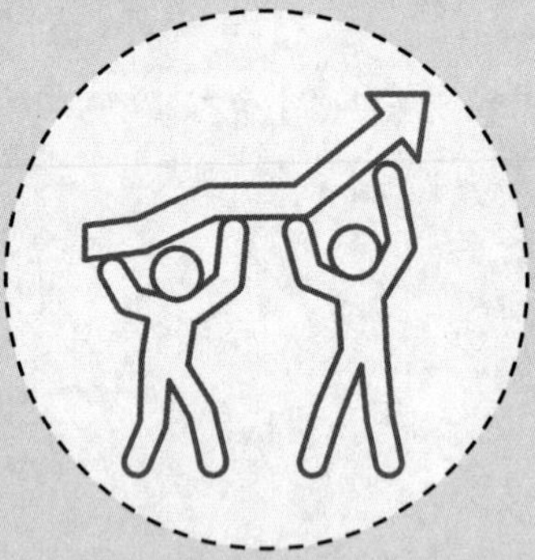

## 5.5　求同存异，尊重对方

所谓求同存异，即在对事物的看法与态度上寻找共同点，而保留不同点，尊重和认可对方的不同意见，这是谈判中不可或缺的素养。

谈判时，面对利益分歧，谈判人员需要寻找彼此的共同点，从大局出发，把分歧与差异最小化，从而使双方互利共赢。求同存异，是影响一场谈判成功与否的关键所在，也是体现一个谈判人员是否成熟与智慧的关键因素。

在谈判中，之所以会存在分歧，是因为谈判双方的想法不同。要解决这一问题，就需要谈判人员换位思考，设身处地地站在对方的角度思考问题，并以此来及时调整自己的想法与应对策略，从根本上消除差异，解决分歧。

此外，谈判对方不只是对手，要将其视为合作伙伴，予以充分的尊重。作为合作商的代表，谈判对方的角色与我们是一样的，他们的职责也是要尽最大的努力为其公司争取最大的利益。所以，对方的想法必然会与我们的想法存在差异，学会推己及人，尊重对方的不同想法，是谈判中至关重要的一部分。此外，还要尊重对方的交流与谈吐习惯。如果是与国外合作商谈判，还需尊重对方的文化习俗、社交礼仪、饮食习惯等。尊重对方，就是尊重自己，只有给予对方充分的尊重，谈判之旅才会和谐顺畅。

## 5.6 合同的签订与履行

合同的签订是一场谈判成功结束的象征。在整个商务谈判的过程中，合同的签订与履行占据着十分重要的地位，它不仅反映出谈判人员的业务能力，还是双方企业得到利益的重要依据。具体而言，合同的签订与履行需要遵循相应的原则并承担相应的责任。

### 5.6.1 合同签订的原则与注意事项

签订合同是一项严谨且具有法律效应的事情，不可草率为之，必须要遵循一定的原则。

合同签订需遵循平等原则。所谓平等原则，就是签订合同的双方在法律层面上具有相同的地位，没有高低上下之分。合同的一方也不

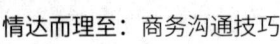

能将自己的意愿强加给另一方，合同的签订应当在双方达成一致意向之后进行。

合同签订需遵循平等原则

合同签订需遵循自愿原则

合同签订需遵循合法原则

合同签订的原则

合同签订需遵循自愿原则。合同的签订双方均具有自由签订合同的权利，双方均可自愿选择是否签订合同；自愿决定与何人签订合同；自愿制订合同内容（在不违法的情况下）；自愿补充、删减相关的合同内容；自愿与对方协议解除合同。

合同签订需遵循合法原则。任何合同都需要在法律允许且符合相关规定的情况下签订。双方当事人所签订的合同，不得违反相应的法律法规，不得违反社会的公共秩序与经济秩序，也不得损害社会的公共利益。

除了遵守原则，签订合同时还有一些需要关注的注意事项。

首先，所签订的合同必须要具有合法的形式，最常见的就是合同书和协议。没有合法的合同形式，就没有法律保障。一旦将来因合同发生纠纷，我们就没有可以查实的证据，从而会给公司造成经济损失或其他方面的损失。

其次，在制作合同时，应清楚陈列己方的各项条款并仔细研究对方陈列的条款，避免因条款不清楚或语言陷阱使公司陷入合同欺诈的陷阱当中。

此外，合同双方的主体名称与签订人姓名需前后保持一致，合同书的形式也需要使用标准的合同范本。

## 5.6.2 合同的履行

合同生效后，合同签订双方应诚实守信，严格履行合同中所规定的相应条款与义务。在履行合同内容时，也有一些规则需要格外注意。

关于合同义务的履行时间。当合同中对双方履行相关义务的时间做了明确规定，那么双方就要在规定的时间内履行相应的义务。

关于合同的履行情况。如果合同的一方未能在规定时间内履行义务，或者未能按照规定履行全部的义务，那么另一方有权依法要求其尽快履行全部的义务，若对方依然拒不履行义务，那么另一方可以依法对其提起诉讼。

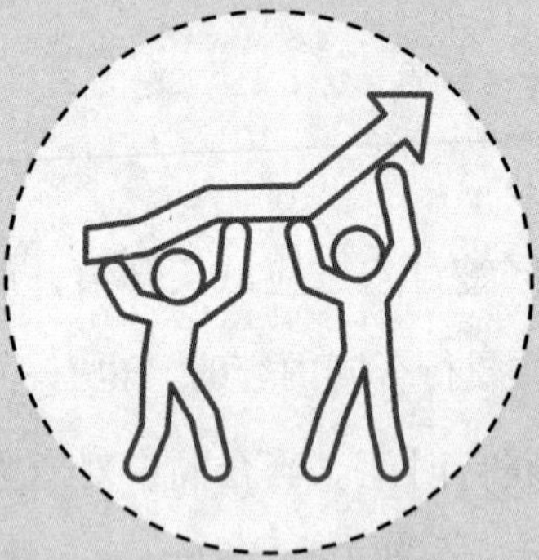

第 6 章

**更多元化的商务沟通**

随着科技的发展，时代的更迭，商务沟通的方式早已不再局限于面对面的沟通，网络、电话等皆是沟通的重要方式。我们需要灵活运用多元化的沟通方式，才能更好地达成合作。每一种沟通的方式需要掌握的技巧各不相同，只有掌握了这些技巧才能在商务沟通中游刃有余。

## 6.1 言谈举止，皆是沟通

在任何场合，言谈举止都是一个人修养的体现。言谈举止在商务沟通中的重要性不言而喻，优雅的举止和得体的谈吐对商务合作十分有利。

### 6.1.1 言谈得体，让沟通更高效

在商务沟通中，要注意交谈时的礼仪。表情要自然，语言要亲切得体。初次见面时，一定要注意礼仪，要主动自我介绍，讲清自己的身份，说明来由。在对方介绍自己时，一定要注意倾听，不能轻易打断别人说话，更不能显露出不耐烦的神情。一定不能追问对方的隐私，咄咄逼人，这会令人烦厌。这是交谈中最基本的礼节，是对别人尊重

的表现。

得体的谈吐并不是指巧言令色，而是一种待人接物的教养。言谈得体并不是要求我们舌灿莲花，有时简单的几句话也能很好地体现我们的尊重。我们说话的语气也是修养的体现，谈吐得体的人绝不会大声喊叫，语气急躁。在商务沟通中，我们的语速一定要放慢，声量要适当。语气一定要轻快明亮，而不能太过低沉严肃。

谈吐得体是有教养的人应该具备的基本素质，谈吐有礼的人更容易在商务沟通中游刃有余，也更能促进沟通的成功。

注重交谈礼仪，让沟通更高效

## 沟通锦囊

### 言谈得体，能让沟通更顺畅

说话最能体现一个人的思维能力和道德修养，言谈得体的人在商务沟通中也会更加顺畅一些。为了能够做到言谈得体，我们可以从以下三个方面做起：

- 应用合适的称谓

称呼是沟通的开始，一个合适的称呼，首先可以给人良好的初印象。称呼也是极有讲究的，不可随便称呼别人。比如初次见面，我们在不知道对方的职务时，可以称呼其为"先生""女士"。如果已经了解对方的职务，最好是称呼对方为"×经理""×总"等，这是商务沟通中最常见的称谓，也更加正式。不过，在称呼他人职位时，一定要注意的是，如果对方已然升迁，那么一定要称呼对方现有的职位。这就要求我们要时刻留心对方的动态，以免造成不必要的尴尬。

- 去掉冗余的表达

一个谈吐得体的人，一定是在沟通之前就已经有所准备的。所以，在沟通的时候，最好不要出现"这个""那个""就是说"这种冗余的表达。这种口头语给人一种极为浅薄的感觉，就好像此人说话言辞单薄，词语匮乏。我们在表达事情之前，应该在腹中已有底稿，在说话之前一定要思考清楚。

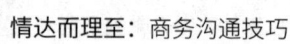

> ● 使用礼貌语，注意避讳词
>
> 在交流的时候，也要注意使用一些礼貌用语，比如去厕所要说"去洗手间"。也要避讳一些约定俗成的事情，比如"死"这类忌讳词，也要尽量少说，最好不要提及。在沟通的过程中，尽量避开这些忌讳或者禁忌的词语，也是一种谈吐得体的表现。

## 6.1.2　举止优雅，让沟通更顺利

举止优雅最基本的要求就是坐有坐相，站有站相，这样才能给人优雅大方的印象。无论是站立还是坐下，都应该端庄持重，不能倚靠着身边的物体。交流时无意的小动作也不应该出现，比如掏耳朵、打哈欠、撩头发等动作，都极为不雅。

我们在商务沟通中，通常都会搭配合适的服饰，这就要求我们的举手投足也应该相对内敛，不能过于豪放。女性穿西装裙时，坐姿要端正。男性佩戴领带后，也不能随意松解领带。

商务沟通中，难免会有些手势的交流，但做手势时，动作不宜过大，更不能直接用手指着对方。交谈时，动作一定要收敛，不能过于外放；更不要跟对方过于亲近，拍拍打打，没有分寸感。尤其是初次见面时，不能贸然与别人勾肩搭背，称兄道弟，这样会显得很没有教

养。介绍他人或者指代物品时，一定要用手掌示意，不能用手指直接指点。

言谈举止，是一个人教养和素质的体现。只有良好的举止、得体的谈吐才能给人留下好的印象，为日后的合作打好基础。

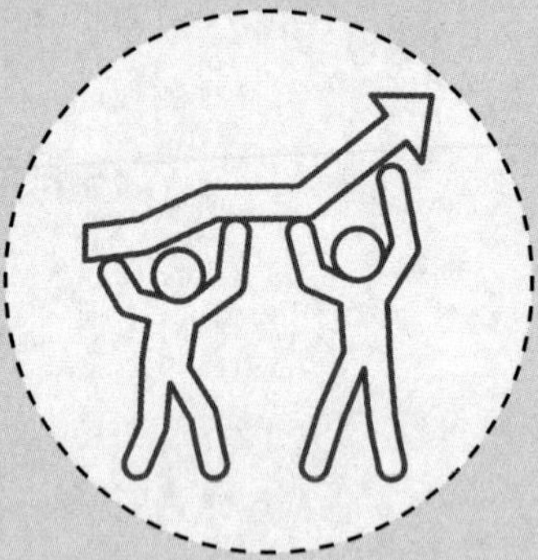

## 6.2 网络沟通实用法则

随着网络通信工具的日益发达，现如今很多商务沟通都是通过网络通信工具进行的。在网络上的沟通也要讲究礼仪，符合规范，不能因为不见面，就掉以轻心。

### 6.2.1 网络沟通要讲究礼节

网络通信工具（一般指微信、QQ）如今已经是每个商务人士都需要用到的交流工具，在使用网络通信工具时，一定要注意说话的礼仪，充分尊重对方。

得到对方通信方式后，在加对方好友时，一定要主动表明身份，说明意图。在商务沟通时，我们应该注意自己的头像、昵称不能过于花哨，最好使用自己的姓名加上职位或者公司名称，头像也不要过于夸张、幼稚。

当添加他人好友后，一定要主动问好。当有事相商，最好用一条消息表达清楚自己的目的，不要分成多次发给对方。发送之前，应该多次检查，查看自己的语气是否得当，有无拼写或标点的错误。

如果需要给对方发送文件，在发送文件之前，应该向对方表明文件的作用，切不可随便发送给别人文件，又不说明意思，让对方摸不着头脑。同时，文件名称一定要详细，不能含糊不清，或者根本不标注文件名。如果有时间限制，也应该在截止日期前，再次礼貌地提醒对方。如果规定的时间内难以完成，也应该及时告知对方。

不能在没有通知对方的前提下，就将对方的通讯方式转给他人。如果不经他人同意就转发他人联系方式，很容易给他人造成不便。双方的聊天内容，更应该视作商业机密，不能随意透露。

网络通信工具的发达确实为我们的生活带来了便利，但同时，我们也要注意网络沟通时的用词。如果表达过于生硬，用词不礼貌，很容易让对方感到被冒犯。应该在沟通时多使用"您""谢谢""请"等词汇，这些礼貌用语不光适用于面谈的礼仪，也同样适用于网络的沟通。

## 6.2.2　电子邮件的交流要符合规范

通过电子邮件进行沟通是商务交流中最常用的方式之一，电子邮件方便快捷，深受商务人士的喜爱。不过需要注意的是，电子邮件的书写格式也要符合基本的规范。

发送电子邮件之前，一定要检查自己发送邮件的用户名。很多人使用电子邮箱时，往往不注意电子邮箱的用户名。如果电子邮箱的用户名不规范，对方打开收件箱时，便会不知道发送邮件的人是谁。因此，一定要提前使用正规的用户名来发送邮件。

此外，要注意电子邮件的标题，标题应该准确精简地总结邮件的内容，或者是按照对方的要求，对邮件标题进行命名。不可以直接发送邮件却不命名，或者胡乱命名邮件标题。最好能通过标题让对方清楚邮件的意图。

邮件的正文部分，应该按照标准的格式书写。邮件的正文内容应该简明扼要，不要长篇大论。尽量用最简练的语言表达出发邮件的意图，如需要对方的回执，应该在末尾处提醒对方，并写清需要对方回复的内容。如需要发送附件给对方，也应该说清楚附件大致内容，以及附件的用途。附件的命名也有讲究，应该写清附件的名称，多个附件一定要有所区分。有些人只在邮件中附上附件，却不在正文中讲清附件的用途，这是极不礼貌的行为。

在准备发送电子邮件之前，一定要再次检查邮箱用户名、邮件标题、正文部分以及附件信息，并应重点检查正文部分的语言是否表达清晰、符合逻辑，有无错别字和标点错误。发送邮件后，如果有对方

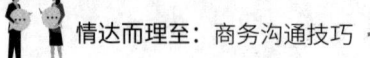

其他的联系方式，也要及时通知对方查收邮件。

发送邮件是一种比较正式的沟通方式，因此，我们一定要注意邮件的规范。在发送之前，也一定要仔细检查。一份规范的电子邮件，可以为后续的商务沟通提供方便。

## 6.3　电话沟通，"以声传情"

电话是最早的通信工具之一，一直到今天，也依然是很多商务人士沟通的主要方式之一。电话沟通时，如果语言使用不当，很容易让对方感到被冒犯。因此，在拨打和接听电话时，一定要注意个人的语言表达。同时，电话中还涉及很多重要信息，在接听电话时也应该及时记录清楚，以免遗忘。

### 6.3.1　拨打电话

当我们主动给对方打电话时，应选在合适的时间，同时尽量快捷清晰地讲出所要传达的信息。其间也一定要注意自己的用语，不要过于生硬或散漫，声音要清晰有力，音量大小要适中。

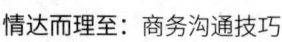

◎ 合乎时宜

在商务沟通中，打电话的时间一定要讲究适宜，若是在深夜给对方打电话，自然是极不礼貌的行为。一般来讲，如果对方没有特殊要求，我们都应该在工作日的白天给对方拨打电话。不过，要尽量避开吃饭和休息的时间，早上八点之前和晚上十点之后，尽量不要给对方打电话。休息日的时候，也要提前争取对方同意后，才能进行电话沟通。

◎ 简明扼要

拨打电话之前，最好提前写下或者组织好语言，不要在打电话的时候支支吾吾说不清楚，也不要过多使用口头禅，比如"这个……那个……就是说……"等，这些口头禅会分散对方的注意力，打断对方的思路。电话中应该要简明扼要地讲清楚电话的来意，以及需要对方知晓的信息。如果对方需要记录下我们所说的信息，也要耐心地为对方重复重点信息，切不可表现出不耐烦的情绪，也不可随意挂断电话。拨打电话一定要注意时长，不要占用对方过多的时间，如果要闲聊也应该征求对方同意，以免妨碍对方。

◎ 文明礼貌

拨打电话时，礼貌用语不能缺少。在对方接听的瞬间，就应该及时问好。言语之间，应使用"您"作为尊称。对方接听电话后，应该及时"自报家门",说明自己的姓名、公司名称和职务,讲明去电的意图,并询问对方是否方便接听电话。如果对方接听不便,要及时道歉,并尽快与对方商议下次去电的时间。挂断电话之前,可再次快速重复一遍重要信息,确定对方已知晓后,可向对方道别。最好等到对方挂断电话后再挂断。

拨打电话时的注意事项

## 6.3.2 接听电话

◎ 及时迅速

听到来电提示时,一定要及时地接听来电。一般响铃5—10秒接听电话最为适宜,切不可让对方等待过长时间,否则对方会认为我们态度

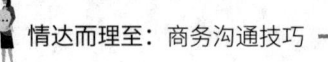

怠慢，没有诚意。如果是因为有事耽误了接听，或者漏接了对方的电话，要第一时间回电，并向对方解释清楚并表达歉意。

◎ 记录清晰

在商务沟通时，对方的来电中可能包含大量的工作信息，这时我们一定要及时记录。记录时，应该用最简洁的语言来记录重要信息。如果因信息过长、过多而无法及时记录，要请求对方重述。重要的信息，比如数字、时间等，要向对方再三确认。挂断电话之前，应该再进行最后的确认，以免记录有误。记录下来的信息，要第一时间保存。

◎ 代接电话

代接他人电话的时候，需要第一时间向对方说明不是本人接听，嘱托来电人留下姓名、公司名称以及联系方式，转告来电人稍后会第一时间给予回电。需要注意，代接他人电话时，不可探听话机主人的隐私，如涉及隐私，可避开不谈，或是直接回以"他不在，您可稍后再次拨打"。

如果对方有代为转达的信息，一定要记录清楚，在他人回来后，第一时间转达信息。

第6章 更多元化的商务沟通

接听电话时要及时迅速、真诚倾听

### 情真理切

　　C女士是A公司的总经理秘书，平时负责总经理工作安排和接打公务电话。有一次，B公司组织了一次重要的合作会议，邀请A公司总经理参与，便向C女士去电说明。但是，碰巧C女士当时正在处理其他紧急的工作，并没能及时接听电话，错过了B公司的来电。直到下班之后，C女士忙完手头工作，才发现B公司曾经来电，但此时已经是晚上九点半了。

　　C女士并未直接给对方回电，而是首先翻找出了B公司来电人的信息，然后发送了一条短信询问。

短信内容如下：

D先生（B公司来电人），您好，很抱歉今天没能及时接听您的来电。您来电是否有重要信息传达，不知此时您是否方便，我是否可以给您回电？

不久后，D先生回复C女士可以回电的信息，C女士才向其回电，并表达了漏接来电的歉意，也为这么晚打扰D先生致歉。D先生并未责怪，而是说明了去电的目的，邀请其总经理在两天后10点参加B公司的合作会议。C女士记录下信息后，向D先生表示了感谢。

C女士在漏接来电后的处理十分礼貌谦逊，赢得了B公司的赞赏，给B公司留下了深刻的印象，也一定程度上促成了合作会议的顺利召开。

## 6.4　商务信函沟通，文字沟通的力量

商务信函指的是商务往来的信件。一般来说，商务信函可以用来沟通商务交往中的一般信息，需要公司或单位盖章，是具有法律效应的文件。其类型包括邀请函、招商函、推销函、理赔信等。这类信函的写作要求一般较高，格式也较为统一，包含的内容也较为详细、清晰。

### 6.4.1　商务信函的写作要求

由于商务信函的内容多为公司与公司之间的业务往来，商务信函可以通过书面的形式传递商务信息，因此要求也是相对严格的。大多数商务信函上都有公司的公章，这类信函具有法律意义。一般来说，

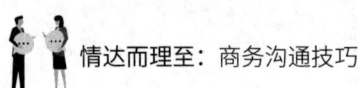

商务信函有以下四点要求：

◎ 信息完整

信息完整指的是整封商务信函从开头到落款，所有的信息都应该完整呈现。信函一定要书写开头，开头一般包括信函标题、发函字号，以及正文开始前的称谓。信函的正文部分中，一定要说明信函目的，并根据不同的信函类型书写不同的信息。落款处应包含署名和日期。

◎ 语言正式

商务信函都是对公往来，语言风格一定要正式。一般不要出现"你""我""他"这样不明含义的指代词，应该将名称补充完整，以便日后可作为法律文件使用。语言应注意符合语法逻辑，不能前言不搭后语，让人不明所以。在商务信函中，应该注意用词的规范性，不可出现流行词语或是网络用语，不要出现错别字，同时要注意标点的使用。

◎ 言简意赅

商务信函要确保结构清晰，语言简练，让对方在短时间内掌握信函的主要信息。所表达的意思应该直截了当，不能拐弯抹角。语言不必过于婉转，可省略不必要的问候和寒暄，直接表达重要信息。行文不宜过长，重要信息可分条列出，使信息清晰透明。

◎ 不失礼貌

即使商务信函需要简洁直接，语气也不能过于生硬，必要的问候需要体现，礼貌用语也不可缺少。例如，可称呼对方公司为"贵司"；邀请他人时，语气应恳切；信函最后也应该向对方致敬，也可向对方表达自己的祝愿。

商务信函的写作要求

## 6.4.2 商务信函的格式

一般，商务信函都有自己的格式，每个公司也会根据这些格式总结自己的信函模板。一般来说，一封商务信函包括开头、正文和落款

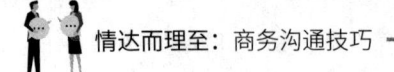

三个部分，每一部分都有书写的要求和规范。

◎ 开头

商务信函的开头主要包括标题和发函字号。标题可以让收件人明了信函的类型和用途，而发函字号一般方便双方存档使用。关于发函字号，一般各个企业有不同的标注方式，可根据企业的要求进行标注。标题一定要精简，需要直接书写出信函类型，也可附上其他相关重要信息。

◎ 正文

首先，正文的开头段是收信人称谓，应该单独占行，并且要顶格书写，称谓后需要添加冒号。

其次，另起一行，向收信方表示问候，说明信函的事由，表明该信函需要传达的业务内容，并附以其他相关重要信息。

最后，在信函的结尾处，应该用简短的一两句话，表达希望对方及时回复等要求，并附以致敬的话。

◎ 落款

商务信函的落款应包括写信人的姓名和日期，一般姓名和日期应位于右下方的位置。如果书写人是以公司或单位的名义书写，应该在姓名处书写单位名称。商务信函的日期一定要书写，以备后期使用。公章也应该加盖在署名处。

## 第6章 更多元化的商务沟通

**小试牛刀**

A女士是X公司的一名行政人员，X公司最近要举办一场答谢宴，需要邀请曾经合作过的公司领导。A女士需要通过电话来对接各公司行政部门，确定参加答谢宴的人员，并在五日内统计好。同时，她还需要拟定一份邀请函。A女士很快便拟定了这份邀请函，如下所示：

各有关公司（厂商）：

　　A公司计划于××年××月××日召开"×××"会议，届时将邀请各位知名专家进行专题讲座。

A公司

　　以上是A女士拟定的邀请函，你能看出此信函中有什么错漏吗？把你找出的错误写在便笺上，并且为X公司重新书写一封邀请函。

175

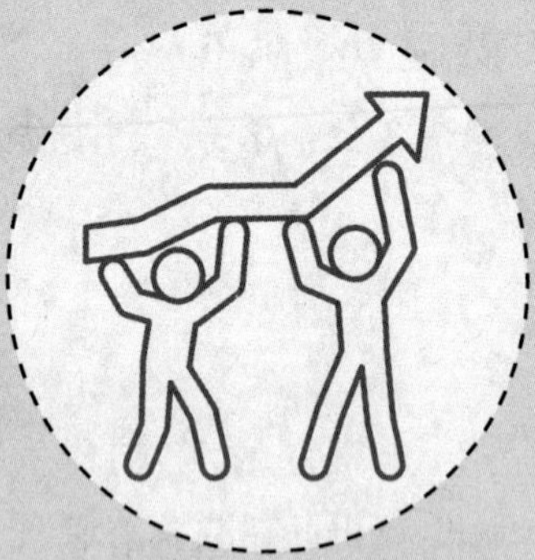

## 6.5 跨文化涉外商务沟通

在跨文化涉外商务沟通中,最重要的一点,往往也是决定成败的一点,就是尊重彼此的文化差异。对于合作伙伴的跨文化背景,我们不能仅限于简单的了解,而应该全面深入地进行了解。

每个国家的文化背景不同,风俗习惯、言行思想也都大不相同。因此,在跨文化交流时,我们应该向对方的习惯靠拢,尽量用对方的思维方式来沟通。

举一个简单的例子,例如,东西方文化在沟通的方式上有所不同,中国人热情好客,一般见面后,会主动聊起双方的家庭、婚姻、子女等私人话题,中国人一般认为聊这些可以帮助增进双方的感情,找到共同话题,但是,西方人特别重视隐私,十分不喜欢对方提及个人问题,比如年龄、收入、婚姻等。直接过问,往往会引起对方的不悦,对方会认为这是在干涉其私生活。

这是一个极其简单的例子，我们由此也能看出，文化差异对人的影响体现在方方面面。因此，在进行跨文化沟通时，应该充分考虑文化差异。

第一，注意语言文化差异。

在涉外沟通中，一定要注意语言的表达。每个国家的语言文化都各不相同，例如欧美喜欢直抒胸臆，一般少见客套话，西方语系中的尊敬语和普通用语也几乎没什么不同，但是，日韩却大相径庭，日韩语言中分为敬语和平语，敬语一般是用于商务往来或与师长对话，平语则是用来与同辈或晚辈沟通。因此，在发送邮件、接打电话或者发送信息时，一定要注意语言的使用，要尊重别国语言的特点。

第二，了解多元的文化。

全球化的今天，我们需要接触更多的文化，才能保证沟通和交流的顺畅。我们应该以理解、包容的心态去看待他国的文化，不能对文化差异抱有抵触心态，只有打破对别人的成见，才能更和谐地共处。每一种成见都是因为对其他文化的一知半解，我们在进行跨文化交流时，一定要对其他文化进行深入了解。如果不小心冒犯他人，也应该及时道歉并改正。

第三，转变思维方式。

在跨文化沟通时，我们需要转变思维方式，这样与对方的沟通才能更加顺畅。例如，西方人在收到赞美的时候，往往会欣然接受然后表示感谢；中国人往往喜欢表示谦虚，会说"哪里，哪里"等自谦的话。中国人的这些话在西方人眼里就是过于客套，给人一种虚伪的感觉，这是东西方思维的差异。我们在跨文化沟通时，应该尽可能地向对方的思维方式靠拢，否则可能会因为思维上的差异导致出现尴尬的场面。

## 6.6 媒体公关沟通，做舆情的掌控者

互联网时代下，社会媒体发展迅速，企业的发展也离不开媒体宣传的助力。现代媒体传播范围广泛，对企业的影响不容小觑。因此，做好媒体沟通，掌握公关舆情，是企业发展所必备的能力。

### 6.6.1 接待来访媒体

媒体到来之前一定要做好充足准备，应该先联系媒体，确定采访时间、采访地点，以及大致内容。提前安排接待人员以及接受采访的人员，还要提前准备好采访的资料。媒体到来后，应该灵活配合媒体需求，对于媒体的采访问题应该诚实回答，如果涉及机密问题可以礼貌表示"不好意思，这属于公司内部机密，不方便透露"。在媒体编辑

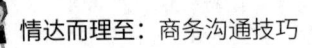

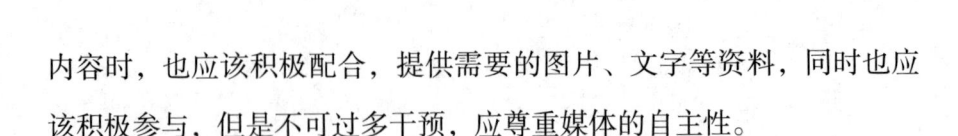

内容时，也应该积极配合，提供需要的图片、文字等资料，同时也应该积极参与，但是不可过多干预，应尊重媒体的自主性。

## 6.6.2　做好危机公关

做好危机公关，可以在一定程度上化解企业的危机。首先企业应该组织专业人员，成立监控小组，时刻监控媒体信息，汇总对企业有不良影响的言论或信息，找到化解危机的突破口。当发生危机事件时，应该第一时间联系相关媒体，做好媒体采访工作，举办新闻发布会，准备相关材料，及时向公众解释事情的原委。只有做到对内对外的及时沟通，获得民众和员工的理解，才能做好危机公关。想要做好新闻发布会的沟通，就需要提前为媒体提供客观丰富的资料，来满足媒体报道的需求，从而让媒体有充足的内容去报道。发言人应该注意言辞客观公正，不带有个人情感，同时，在回复记者问题时应该有的放矢，着重回答与危机有关的问题，并要言语恳切，正视问题，才能更好地获得大众理解。

## 6.6.3　掌握舆情方向

全媒体时代下，掌握舆情方向十分重要。想要做到把握舆情方向，就要做到快速、实时掌握舆情，全面撒网控制舆情。掌握舆情方向要求及时、全面、客观。首先，掌握舆情方向一定要快，应该在舆情传播的第一时间发现并及时引导正确的舆情方向，如果等到谣言满天飞，再去把握舆情，就很难了。企业可以组织专业人员，监控舆情方向，在发现苗头时要及时想办法制止。例如，可以快速发帖引导舆论方向，客观说明事实真相。另外，在控制舆情时，也要做到全面，网络媒体传播形式多样，在波及范围内，尽量做到全面控制，才能保证万无一失。尽量多联系几家媒体，包括网络媒体和纸质媒体，广泛覆盖媒体，才能更好地掌握舆情。最后，可以拿出切实可靠的证据，如合同或其他具有法律效应的文件等，来引导大众相信客观事实，不让舆情进一步扩散至不可收拾的地步。

### 情真理切

A公司是一家制作毛绒玩具的厂家，产品外观精致可爱，为了更好地宣传企业形象，特地找来B公司为其进行形象宣传。

B公司到来当天，A公司特地布置好采访现场，积极配合B公司的各项需求，协助B公司进行拍摄。后来，B公司编写宣传通稿时，A公司也是积极配合，提供B公司所需要的各种材料，以便B公司能够更好地编写文案。而在这期间，A公司虽与B公司一直保持密切联系，却从未干预过B公司的工作。

后来，在B公司文案的引导下，很多网友都对A公司的产品产生了兴趣，纷纷下单购买，一时间A公司的产品广受大家好评，企业形象大幅度提升，产品销量也节节攀升。

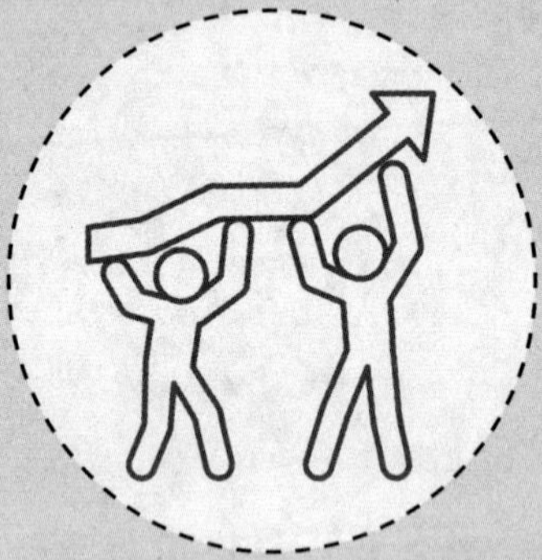

# 第 7 章

# 不得不知的商务沟通禁忌

在商务沟通中，除了要掌握必要的沟通技巧，一些沟通中的禁忌也不能忽视。要想商务交流顺畅进行，商务合作取得成功，必须要注意商务沟通中的一些禁忌。一旦沟通中踩到对方的"雷区"，很容易招致对方的反感，造成对方不悦，严重的话，会导致沟通与合作失败。

## 7.1 不要"经常性 EMO"

虽然说人有喜怒哀乐,悲伤难过的事情每个人都会遇到,但是,在商务沟通中,我们不能总是将这些事情挂在嘴边。"经常性 EMO"的人很容易惹人厌烦,比如我们走进一家商店,收银员因为今天自己不开心,就对着我们大吐苦水,我们自然会觉得莫名其妙,心生厌烦。

在进行商务沟通时,我们不能将个人情绪带入其中,更不能因为一些私人事件而影响双方沟通。如果实在难过或不悦,也应该及时跟对方说清楚。可以提前跟对方说"不好意思,我最近遇到点事情,耽误了工作,实在抱歉",这样可以让对方知晓我们的心情,以免误会。

有些人是因为真的遇到了难处而情绪低落,有些人却一直是处于"EMO"状态,动不动就跟周围人抱怨"工作不顺心啊""同事总是不配合啊",甚至连拜访客户的时候也哭丧着脸跟对方抱怨,导致对方兴致全无，根本不想继续交流。这种"经常性EMO"不仅是沟通中的大忌，也是职场的禁忌。有人说："常年抱怨的人最后可能被周围的人放逐，因为他们发现自己的能量被这个抱怨者榨干了。"由此可见，经常性的抱怨会使人们都逐渐远离我们。

"经常性EMO"无论对人对己都没有好处，没有人愿意与满腹牢骚的人共事。这样的人遇事总会往坏处想，根本没有积极的生活态度，对待工作也不会认真。

在商务沟通中，我们要尽量不让自己的主观情绪影响工作，避免带入个人情感。商务沟通中需要体现出的是专业、果断，而不是释放没有价值的负面情绪。

沟通时，保持气氛愉悦

## 情真理切

A先生和B先生都是销售公司的员工，但两人的性格大不相同。A先生总是满口怨言，平日里在办公室就喜欢拉着同事说一些抱怨的话，惹得同事很是心烦。B先生则是一个十分乐观开朗的人，平时遇到难题总是积极对待，领导和同事都对他夸赞有加。

有一次，A先生外出与C公司的客户经理进行沟通，一见面就满口抱怨，抱怨今天天气太热了，会面的地方离公司那么远，害得他满头大汗。客户当时就有些不悦，但还是继续与其交流。然而，在沟通过程中，A先生不仅没有停止抱怨的意思，竟然变本加厉地向客户抱怨起公司的待遇不佳，更是背后对同事说三道四。客户听后直接甩手离开，并打电话给A先生的部门主管表达了不满。

后来，公司又派出B先生与客户继续对接，B先生的表现与A先生截然不同。在沟通过程中，B先生一直面带微笑，一见面就跟客户表示歉意，并放低姿态，拿出了合作的诚意。见面当天，天气闷热，不久便下起了大雨。B先生见状立即对客户说"这场雨下得可真是时候，一下子就冲走了之前的闷热，相信雨过天晴必是一番美景啊"。B先生一语双关，一下子缓解了之前的尴尬。沟通结束后，B先生还主动驱车送客户回到公司。

最终，C公司与销售公司签订了合作协议，并指定由B先生对接，B先生也因此获得了领导的嘉奖。

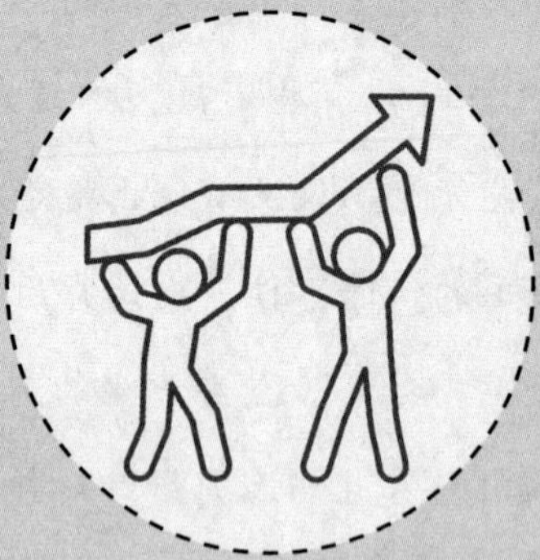

## 7.2 不要忽视你的态度

态度往往会决定事情的成败，商务沟通中也一样。无论任何时候，面对任何人的态度都应该是尊重和谦逊有礼的。我们只有在沟通中端正自己的态度，才能灵活运用沟通的技巧，增加商务沟通成功的概率。

### 7.2.1 尊重他人

我们在商务沟通过程中，一定要注意自己的态度。因为，很多时候导致商务沟通失败的一个重要原因就是态度不端正。有些人在商务沟通时，衣着邋遢，举止轻浮，给人的第一印象就不好，让人根本无法产生继续与之沟通的欲望。有些人经常不回对方消息，或者有时三

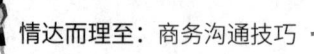

更半夜还给人发消息，完全不顾及他人的感受。有些人在商务沟通中，态度傲慢无礼，完全不接受对方的意见和建议，对他人的想法嗤之以鼻，甚至擅作主张。这些无礼的态度，都将导致沟通失败。

语言是我们态度的体现，有些人张口闭口都是贬低对方的话语，让人听起来感到极其不悦。还有一些人在沟通时不能一视同仁，比如看到对方是初出茅庐的年轻人，说话便十分不客气，甚至言语中总是炫耀自己的人生阅历，动辄就说"我吃过的盐比你吃的饭多""你能比我对这个行业更了解吗"。当对方想要提出自己的想法时，不但不认真倾听反而大加嘲讽。久而久之，对方就不愿意提出自己的想法了，这对商务沟通是极其不利的。再比如，要去拜访对方的公司，而对方公司的位置相对偏僻难行，有些人张口就说"你们这地方真难找"或是"怎么在这种地方开公司"，对方听到这样的话瞬间就会感到不舒服。或许说出这样的话并没有别的意思，但是在对方看来就是极其不尊重人的行为。

商务沟通时，摆正自己的态度是首要的。我们在与人沟通时，要尊重对方，谦逊有礼，和颜悦色，一视同仁。拥有良好的态度，商务沟通才能顺利进行。

## 7.2.2 端正态度

态度不正是沟通中的禁忌，那怎样才能保证自己的态度足够端正，不会引起对方的不悦呢？我们要学会放低姿态，待人接物都要谦虚谨慎，还要学会放缓自己的语气，不要总是对人恶语相向。最重要的是要把握分寸，不要过分冒进，也不要过分疏离。

## 7.2.3 放低姿态

要想表现出对对方的尊重，同时获得对方的尊重，首先我们要放低姿态。无论我们对接的人是谁，都要秉持着谦虚的姿态，不能傲慢无礼，看不起对方。在与对方沟通的时候，不要总是说"你明白了吗""你懂我什么意思吗"。这样的话会让人觉得我们总是处于高高在上的姿态。询问对方时，我们可以说"您觉得还有需要我再详细说明的吗"或者"您还有什么有疑问的地方吗"。这样一来，对方便能感受到我们的尊重，更愿意与我们沟通。

## 7.2.4 语气和缓

语气最能体现我们的态度，和缓有礼的语气能够让对方如沐春风。在商务沟通中，如果对方年龄较长，我们在与其沟通的时候，就应该放缓我们的语气，多使用"您""请"这样的词语来表达我们的尊重。如果对方一时难以理解我们的话语，我们应礼貌询问对方："对于刚刚我说的，您还有什么不明白的吗？"如果对方不能及时领悟，我们也要保持耐心，详细解释。

放缓语气，多使用"您""请"等礼貌性用语

及时询问对方是否听懂，并耐心解释

沟通时要注意语气，保持耐心

## 7.2.5　掌握分寸

　　掌握分寸也是一种尊重他人的表现。在沟通过程中，我们应该与对方保持适当的距离。这里的距离指的是沟通中的距离，如对于他人不想过多提及的事情我们不能追问，对于他人引出的话题我们不能忽视。学会掌握分寸，才能更好地体现出对他人的尊重。

## 7.3 不要试探对方的"雷区"

要想在沟通中不触碰对方的禁忌,就一定要注意自己的言谈举止,还要在交流之前尽量了解对方的喜恶。有些人与人沟通之前,从不事先做功课,导致频频触碰对方的"雷区",让人心生厌恶。还有一些人明明知道对方的"雷区",却还要不停试探,一直"踩雷",惹得对方不快。

有些人在沟通的过程中屡屡碰壁,却不知缘由。其实就是触碰了别人的"雷区",但是自己却浑然不知。比如,有些人十分注重自己的隐私,不愿意过多透露关于自己私生活的事情,但是有些人却一定要打破砂锅问到底,一直追问"你多大了""有没有结婚啊"这样私密的话题,导致对方十分不满,沟通也会陷入僵局。

其实,要想沟通不"踩雷"也很简单,就是要提前摸清对方的脾气秉性，了解对方的"雷区"。我们在一开始沟通时，就应该注意对方的语气态度，从中摸准对方的脾气性格、行为习惯以及个人喜恶等。虽然这些不可能因为一场沟通就全部掌握，但是根据对方的大致表现也可以猜测一二。因此，最好不要做对方十分厌恶的事情。比如，对方喜欢双方商议之后再做决定，如果有些人一味大包大揽，全然不顾及对方的意见，那么就是精准"踩雷"，导致对方十分厌恶。

我们还要深入了解一下对方，去掌握对方的一点"小秘密"。这并不是为了八卦，只是希望在沟通的过程中减少一些不必要的麻烦。

就算我们无法提前预知对方的"雷区"，在沟通过程中，只要能够把握好该有的分寸，也可以很好地避开对方的"雷区"。在沟通的过程中，我们要随时察言观色，如果对方面露不悦，就应该及时停止该话题，不要再继续试探对方的"雷区"，以免惹怒对方。

**小试牛刀**

Q女士是A公司的职员，有一次她外出拜访客户C先生。一开始，她与C先生交谈甚欢，C先生本人也一直和颜悦色。二人顺利地就公司的业务往来进行了沟通交流，眼看这一单生意就要谈成，合同都要签了。Q女士见C先生如此好说话，便随口说了一句，"看您的性格这么好，您的家庭一定很美满吧"。殊不知，C先生前段时间刚刚与妻子离婚，听闻此话，便立刻收敛了笑意。Q女士立刻就发现了 C 先生的不快，气氛一下子降到了冰点。

如果你是 Q 女士的话，此时你会怎么处理呢？Q 女士在这次沟通中犯了哪些错误呢？请把你的处理方式写在下面的便笺中吧。

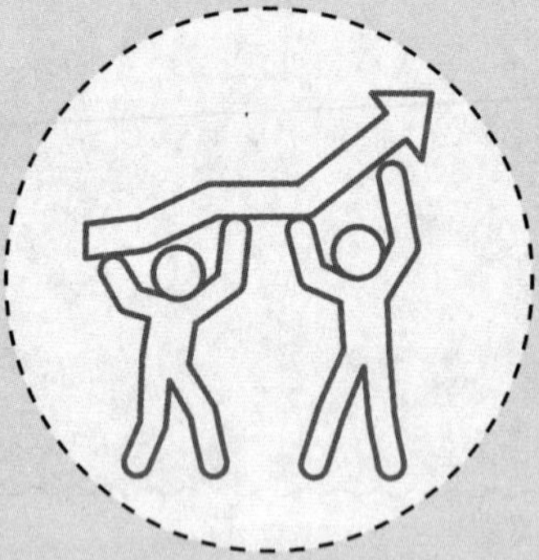

## 7.4　不要做浮夸、卖弄的"小丑"

在商务沟通的过程中，浮夸卖弄也是一种禁忌。很多人自认为能力和学识超越别人，就喜欢在别人面前卖弄自己。殊不知，人外有人，天外有天，过度的卖弄，只会贻笑大方。

有些人在商务沟通时，仗着自己读了几本书，识得几个别人不知道的专业名词，便热衷于在人前卖弄自己的学问。与人交流时，总是说一些晦涩难懂的专业词汇，还要问别人"你懂我的意思吧""你不会连这个都不知道吧"，让别人感到极其不被尊重。

有些人在商务沟通中，由于过于喜欢卖弄，经常会放大自己的能力，夸夸其谈。为了显示自己的能力学识，就不停地自说自话，全然不考虑对方的心情，沉浸在自己的世界里。这种人往往傲慢自大，喜欢反驳别人的观点来突出自己的能力，张口便是"这件事你说得不对"。久而久之，便不会再有人愿意与其沟通交流了。

还有些人特别喜欢卖弄自己的人际关系，总是喜欢把"我认识×××"放在嘴边，还浮夸地表现与某人关系十分亲近，经常跟别人说"你知道×××吗，我和他非常熟"。殊不知，这样的话语只会令人心生厌烦，想要尽快结束沟通。

其实，这种喜欢卖弄学问或者是喜欢卖弄人际关系的人，往往并没有真才实学，也没有人缘。这样的人在商务沟通中，反而只会被认为是浮夸、卖弄的"小丑"。知识，应该是在需要的时候拿出来用的，而不是随时摆在台面上当作吹嘘的资本。一味吹嘘卖弄，如果碰到真正学识渊博的人，对方不光不会买账，反而可能导致沟通崩裂。这种无谓的吹嘘，在商务沟通中毫无作用，只会惹人耻笑。

### 情真理切

A先生是某著名大学的商学硕士，毕业后曾经为大公司工作过一段时间，后来入职B公司。有一次，A先生去其他公司与C先生谈合作，C先生不知A先生的经历，便开始卖弄起了自己的学问。

"听说你是新入职的员工，那你要好好跟我学习了，我已经在这个行业工作十年了，什么大风大浪没经历过。"C先生这样对A先生说道，A先生没有气恼，只是谦虚地表示愿意听取C先生的教诲。C先生听后，更加洋洋得意，又说道："我在这个行业什么人没见过，我还认识上市公司的经理，就是那个T先生，我跟他关系特别好。"A先生听后笑而不语。整个沟通过程中，C先生一直不停地向A先生炫耀自己有多么大的能力、多么广的人际关系，但A先生也一直没有反驳。

后来，有一天，A先生去往C先生的公司确认方案的完成情况，其他部门的同事过来询问C先生相关事项，C先生却回答得模棱两可，还说了很多与方案无关的话。为了避免耽误工作进程，A先生主动向其他部门同事提供了专业支持。A先生的专业能力震惊了在场的其他同事，后来大家才知道A先生的受教育经历和工作经历，更是对其赞不绝口。C先生知道后，自是羞愧难当，从此再也没有在别人面前夸过口了。

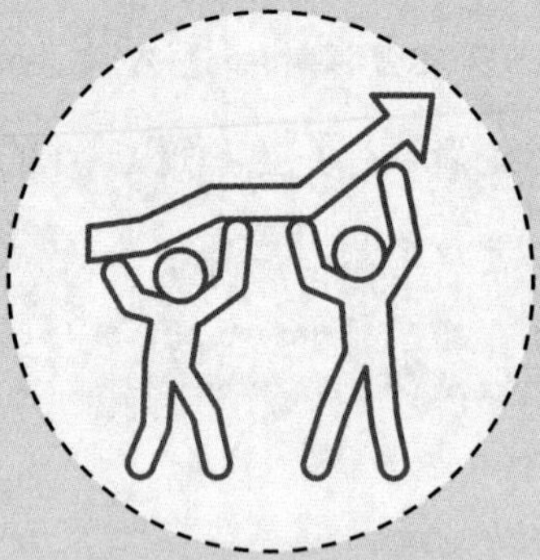

## 7.5　不要道听途说，恶意揣测

在商务交往中，我们经常会遇到背后议论他人的情况，听着别人的议论，难免会产生一些不全面的认知。这些未经过证实、没有正式披露的消息，往往都是一些主观的臆断，只会对我们的沟通造成不便，甚至会影响我们对他人的判断。

一个公司难免人多口杂，有时候一件小小的事情，到了众人的嘴里可能就会传出各种各样的版本。我们所听到的事情，有时是片面的，不加证实，是无法了解其全貌的。一个总是传播小道消息的人，心思不纯，与人沟通时，也不会真正做到尊重对方。

我们在商务沟通中，也应该注意自己不能成为道听途说、恶意揣测之人。对于别人的私人生活，我们应不予置评，更不能在沟通中肆意散播。孔子曰："道听而涂说，德之弃也。"若只是在平日里多听了

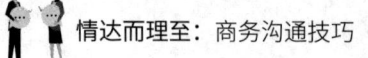

一些没有根据的话，就随便传播出去，这本身就是没有道德的行为。因此，在沟通中，我们自身万不可做谣言的传播者。

如果我们在商务沟通中，遇到了那些喜欢传播小道消息、道听途说的人。我们可以对他们说，"不好意思，我想事情可能不是你说的那样"，或者直接委婉地拒绝参与这种讨论，可以说"对不起，我们还是继续处理工作吧"。

在商务交往中，我们确实需要知道对方的一些信息，但是如果是通过恶意揣测获得的消息，就不是商务沟通中真正需要的信息，同时，道听途说得来的消息，终究也不是真实的信息，这样的信息是不利于商务沟通的。

## 7.6　不失信，诚信沟通

诚信，是立身之本。任何时候我们都要真诚待人，在商务沟通中也应如此。三番两次失信之人，是不会有人愿意与其沟通交流的，这种人在沟通时都不会真诚相待，日后的合作更加无法进行。

诚信，是沟通的基础。特别是在网络发达的今天，很多公司的业务都是通过网络或者电话来进行的，这种合作的基础就是诚信。如果说一套做一套，即便能够短暂获益，但是长久下去，失了诚信，便是毁了自己的声誉，很难再取信于人。

当然，在商务交往中，有些时候会因为一些客观原因导致我们无法履行所应允的事情。这时我们可以跟对方提前说明，比如说"实在抱歉，由于某些客观原因，这件事情可能要延期办理了"，这样提前讲明，对方也可以提前做出调整，以免耽误别人。

情达而理至：商务沟通技巧

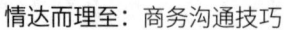

在商务交往中，诚信是第一要义。对比不讲诚信之人，一个专业能力可能有不足但十分守信的人在商务沟通中，更容易获得对方的认可。因为每个人都愿意与信守承诺、言信行果的人合作。一言九鼎的人必定是光明磊落之人，与这样的人一起共事，沟通才能更加顺利。

诚信，是人际交往中最基本的要求，所有的沟通技巧都是建立在诚信的基础上。没有诚信，任何技巧都只能是投机取巧，不会换来真正的商务合作。唯有以诚待人，才能获得对方的尊重与认可，才能建立起良好的合作关系。

## 沟通锦囊

### 网络通信，尤其要注重诚信

现代社会中，随着网络通信的发展，很多企业和个人都是通过网络工具或者电话进行商务沟通的，此时诚信问题就成了沟通中极为重要的一个问题。因此，要想获取对方的信任，首先自己要拿出诚信的态度，做到事事有回应、遇事及时联络，这样才能让对方放心与我们合作，具体可从以下几个方面入手：

● 及时回复对方

网络沟通时，最基本要做到的就是及时回复对方的信息。网络沟通本身就会令人心存疑虑，如果一直不回对方信息，那么就会失去对方的信任，接下来的商务合作也将不会顺利。如果当时有事不能及时回复，也应该在看到信息后，及时回复对方，向对方表示歉意并解释原委。

- 时刻保持沟通

在商务沟通时，最忌讳的就是合作过程中一言不发。尤其是在网络沟通时，当双方达成合作后，要注意时刻与对方保持沟通。事情进展的每个阶段都应该及时通知对方，并针对对方的意见及时给予反馈。时刻保持沟通，能让对方充分感受到我们的诚信和尊重之意。

- 遇事及时联络

在商务合作时，难免因为一些客观原因导致事情延误。出现问题要第一时间联系对方，并同对方一起讨论解决方案。千万不能有事不通知对方，一旦造成了无法挽回的延误，将会损害我们自己的信誉。

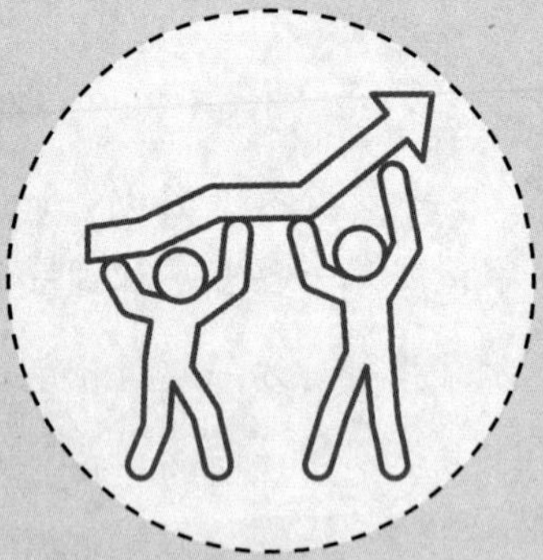

## 7.7 亡羊补牢，及时补救

在商务沟通中，有时难免会触碰沟通中的一些禁忌，毕竟我们很难全面地了解对方。在沟通过程中，想要及时缓解沟通中的尴尬场面，就要及时进行补救。

### 7.7.1 坦诚道歉

商务沟通过程中，有时难免犯错，此时过多的解释不如一句坦诚的道歉更有效果。当然，有时只一句"对不起"是不足以弥补犯下的错误的。在道歉的同时，要说明原委，同时想好补救的方法，这样我们的道歉才不会流于表面。我们可以说："实在不好意思，出现这样的事情我很抱歉，我们想到了一些解决的办法，您看这样可以吗？"如果

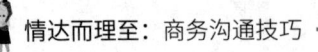

是说错了话，我们可以这样说："对不起，我刚才的话没有别的意思，我其实是这样想的……"这样及时的道歉，再加上合理的解释，才能及时补救错失。

### 7.7.2 巧妙转移

虽然说"说出去的话如泼出去的水"，难以收回，但是很多时候我们可以通过巧妙地转移话题来缓解尴尬的氛围。

在商务沟通时，难免会出现剑拔弩张的情况。有时我们可能因为一个观点的不和而与对方口角相争，这些都是无法避免的。这时，我们可以通过巧妙地转移话题来打破这种僵局，如"针对这个方面，我想我们还需再考虑一下，我觉得针对另一个方面，我是这样考虑的……"巧妙地转移话题，可以将对方的关注点引到其他方面，也能很好地避免发生冲突，等到气氛融洽、双方心态平静后，可以再重新谈回刚才的话题。

### 7.7.3 补充解释

在商务沟通的过程中，如果觉察到对方的不快，要及时反思自己所说的话，必要时应对我们说出的话进行解释。补充解释一定要及时，否则就会导致我们的解释失去意义，甚至越描越黑。

在我们意识到说错话以后，为了避免在错误中纠缠，我们可以紧接着说"其实我的意思是说……"或者说"我觉得正确的说法应该是……"，又或者说"我觉得对于这句话，我还要补充一点……"，这样就可以及时掩盖住我们刚才说过的错话，以免别人产生误会。

当然，这样补充解释的话，不宜过多。其实很多时候，说多错多，所以如果发现自己已经说错话了，几句话巧妙地解释后，一定要尽快结束这个话题，以免再次说错。

## 7.7.4　察言观色

以上这些补救的技巧都要求我们要会察言观色。在商务沟通的过程中，只有善于察言观色的人，才能懂进退，知道对方的情绪变化。中国人的交流和沟通，向来讲究委婉，很少会对自己的情绪不加掩饰。这时，想要知道对方是否接受我们，就需要察言观色。观察对方的表情，也要体会对方的语气。如果对方已经面露不悦之色，就应该及时转移话题。如果对方的语气已经不耐烦，就不可以再追问对方不想提及的事情。

察言观色是商务沟通的基本功，不会察言观色的人，无法体会到对方掩藏的信息，也就很难顺畅沟通。孔子曰："不知言，无以知人也。"想要了解一个人，在沟通过程中游刃有余，就需要觉察对方言语神态之间的意思。只有了解这些，才能把握沟通的分寸，赢得对方的好感，从而轻松地化解沟通中的尴尬。

每个人都会有说错话的时候，但是说错话并不可怕，只要我们能及时想到补救的方法，便可以及时化解危机，避免谈话陷入僵局。有时，巧妙地补救反而能给对方留下更加深刻的印象，也能显示出自己的出色口才和非凡智慧。

| 坦诚道歉 | 真诚、及时道歉，并说明原委 |
| --- | --- |
| 巧妙转移 | 转移对方的关注点，打破僵局 |
| 补充解释 | 对不适宜的谈话，及时补充、解释 |
| 察言观色 | 观察对方的表情，体会对方的语气 |

解决沟通僵局的方法和技巧

# 参考文献

[1] 安贺新. 商务沟通与谈判 [M]. 北京：中国人民大学出版社，2018.

[2] 程庆珊，陈海龙，张少兵. 商务沟通 [M]. 大连：东北财经大学出版社，2012.

[3] 戴勇坚. 如何当好调解员：法律谈判的理论、策略和技巧 [M]. 湘潭：湘潭大学出版社，2015.

[4] 谷静敏. 商务沟通 [M]. 北京：国家行政学院出版社，2013.

[5] 胡峰. 正面沟通：非暴力化解冲突的语言技巧 [M]. 苏州：古吴轩出版社，2017.

[6] 胡文华，张必含. 沟通技巧 [M]. 成都：电子科技大学出版社，2014.

[7] 黄杰，汤曼. 商务沟通与谈判：微课版 [M]. 北京：人民邮电出版社，2019.

[8] [英] 卡伦·霍勒姆斯、科里恩·里奇著，天向互动教育中心编译. 个人与团队管理（上）[M]. 北京：清华大学出版社，2008.

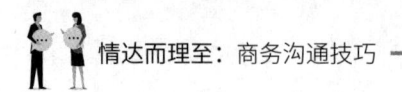

[9]　李锡元.管理沟通[M].武汉：武汉大学出版社，2006.

[10]　李向峰.从零开始学点礼仪常识[M].北京：中国纺织出版社，2011.

[11]　刘春生，孙志贤，沈琪.国际商务谈判[M].北京：电子工业出版社，2016.

[12]　刘克芹，白东蕊.现代社交礼仪[M].北京：经济科学出版社，2010.

[13]　刘恋，杨欣.沟通技巧[M].西安：西安电子科技大学出版社，2014.

[14]　陆纯梅，范莉莎.现代礼仪实训教程[M].北京：清华大学出版社，2008.

[15]　罗薇.商务礼仪[M].长春：吉林教育出版社，2019.

[16]　莫群俐.商务沟通：策略、方法与案例[M].北京：人民邮电出版社，2021.

[17]　彭顺生，彭博.人际沟通与商务谈判[M].北京：中国旅游出版社，2015.

[18]　戚风.麦肯锡商务沟通与文案写作[M].天津：天津科学技术出版社，2019.

[19]　[美]桑德拉·黑贝尔斯、理查德·威沃尔二世著，李业昆译.有效沟通（第七版）[M].北京：华夏出版社，2005.

[20]　唐英.定标做最高效的领导者[M].北京：中国宇航出版社，2014.

[21]　王改弟，牛建高.中小企业人力资源管理[M].北京：中国农业出版社，2002.

[22] 王刚，刘鹤. 采购谈判与采购方式 [M]. 北京：电子工业出版社，2016.

[23] 王秀丽. 通用管理能力实务 [M]. 广州：华南理工大学出版社，2015.

[24] 吴勤学. 现代商务原理与实务 [M]. 北京：北京师范大学出版社，2012.

[25] 许安心. 企业品牌危机管理研究 [M]. 北京：中国广播影视出版社，2017.

[26] 叶润平，袁金明. 新闻发布与舆情应对 [M]. 合肥：合肥工业大学出版社，2016.

[27] 元秀. 社交礼仪全书 [M]. 延吉：延边人民出版社，2007.

[28] 张传杰，黄漫宇，吴英娜. 商务沟通：方法、案例和技巧（移动学习版）[M]. 北京：人民邮电出版社，2018.

[29] 张亮. 高情商沟通：会说话的艺术 [M]. 南京：江苏文艺出版社，2018.

[30] 张荣斌. 沟通说话，格局要大 [M]. 贵阳：贵州人民出版社，2019.

[31] 张晓玲. 做销售就要会沟通 [M]. 北京：民主与建设出版社，2019.

[32] 周黎燕，王世江，孙晓辉. 实用商务礼仪 [M]. 北京：北京理工大学出版社，2019.

[33] 蒋景东. 企业文化的一隅探究——商务活动中的问候、介绍、名片礼仪 [J]. 经济师，2006（2）：196-197.

[34] 金正昆. 商务着装的基本规范 [J]. 现代营销，2003（11）：57.

[35] 孙金玲. 谈商界男士的着装礼仪 [J]. 商场现代化，2006（24）：42.

[36] 汪连天. 职场礼仪心得（之六）：商务宴请礼仪 [J]. 工友，2009（6）：60-61.

[37] 王飞. 商务礼仪——宴请礼仪篇（上）[J]. 金融管理与研究，2007

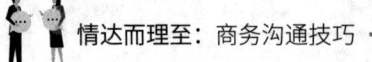

(7): 79.

[38]　王又昀.常见会议的位次礼仪[J].办公室业务，2011（12）：61+63.

[39]　张东铭.男士商务着装礼仪[J].光彩，2015（3）：68.

[40]　张茹.会议筹备礼仪[J].东方企业文化，2014（5）：277.